Explication des symboles

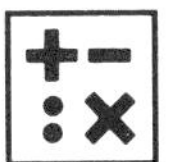 opérations

 relations

 ensembles

 problèmes

 géométrie

 système métrique

calcul numérique

 raisonnement logique

vocabulaire

 rédaction

 orthographe

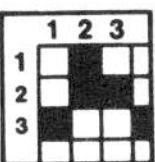

jeux de langage

 grammaire

 compréhension à la lecture

Le chemin

Regarde l'exemple. La flèche signifie "est égal à". Trace toi-même les autres flèches.

KILOMETRE	METRE
0,48 •	• 3008
4,08 •	• 4800
4,8 •	• 48
0,048 •	• 408
0,408 •	• 480
0,32 •	• 4080
3,008 •	• 320

?

Réponds à la question suivante.

chemin	ABC	BCD	BC
longueur	880 m	1060 m	300 m

Quelle est la longueur du chemin ABCD?

....

Objectif: connaître les mesures de longueur.

Les pommes

Lis chaque mot à haute voix et place-le à l'intérieur d'un fruit suivant sa terminaison.

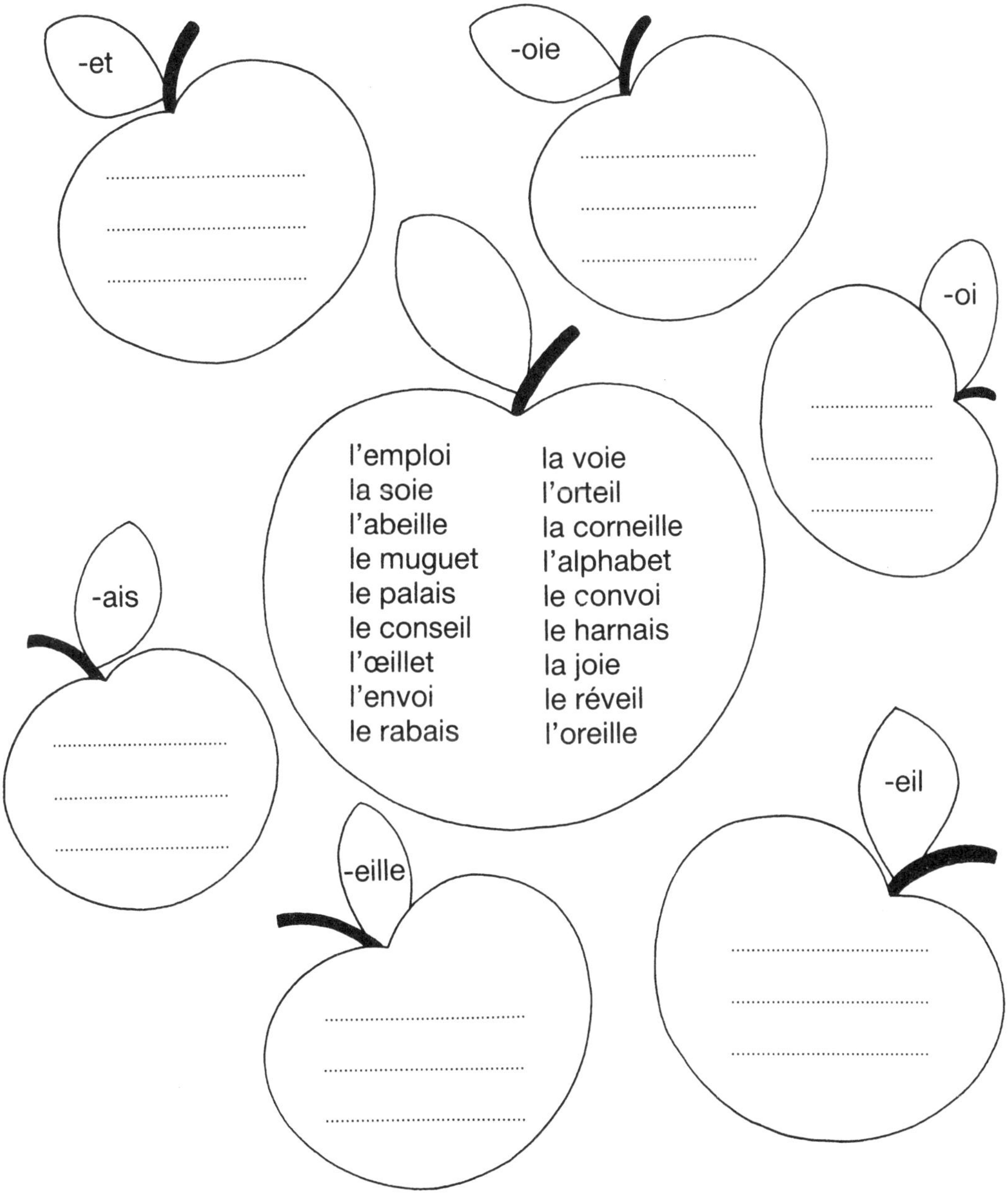

-et

....

....

....

-oie

....

....

....

-oi

....

....

....

l'emploi	la voie
la soie	l'orteil
l'abeille	la corneille
le muguet	l'alphabet
le palais	le convoi
le conseil	le harnais
l'œillet	la joie
l'envoi	le réveil
le rabais	l'oreille

-ais

....

....

....

-eille

....

....

....

-eil

....

....

....

Objectif: travailler l'orthographe d'usage.

Les camions

Simplifie les soustractions en décomposant chaque fois le second chiffre. Regarde d'abord les exemples.

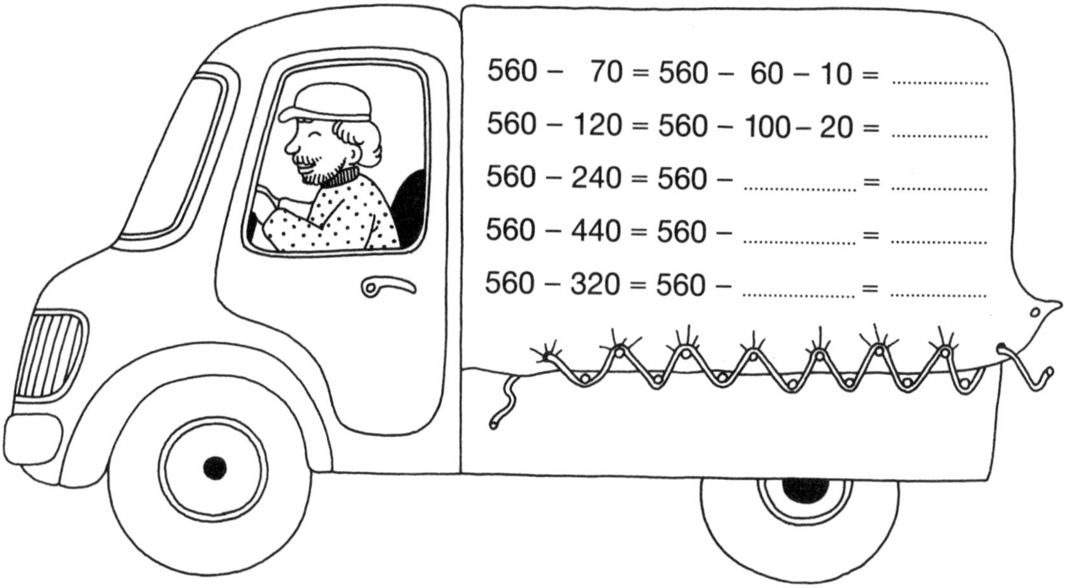

560 − 70 = 560 − 60 − 10 = ...

560 − 120 = 560 − 100 − 20 = ...

560 − 240 = 560 − .... = ...

560 − 440 = 560 − .... = ...

560 − 320 = 560 − .... = ...

352 − 244 = 352 − .... = ...

437 − 118 = 437 − .... = ...

876 − 614 = 876 − .... = ...

788 − 596 = 788 − .... = ...

917 − 539 = 917 − .... = ...

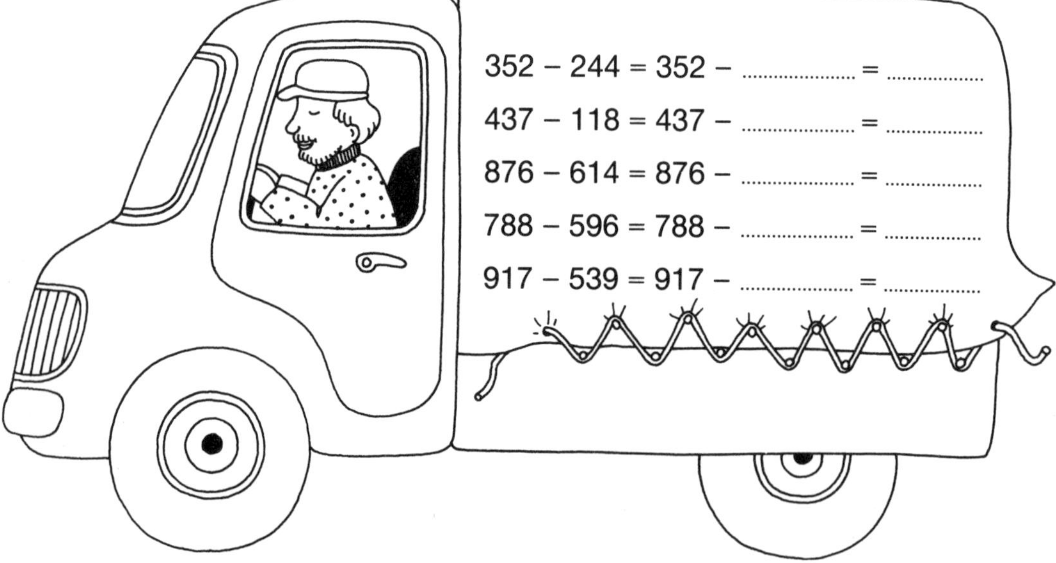

Objectif: simplifier les soustractions.

Singuliers et pluriels

Ecris en dessous de chaque dessin le mot représenté.
Mets-le au singulier.

les clous
les bijoux
les bocaux
les balles
les éventails
les vitraux
les cheveux
les pneus

....

....

.... le vitrail

Classe maintenant ces mots d'après leur pluriel.

l'écharpe	le bocal	le feu	le trou
la pomme	le cheval	le cheveu	le clou
le journal	la feuille	le sou	le neveu
le total	l'arbre	le cou	le jeu

-es	-ous	-aux	-eux
les écharpes	....	....	....
....	....	....	....
....	....	....	....
....	....	....	....

Objectif: revoir la formation du pluriel des noms communs.

Les ensembles

Lis les indications d'appartenance des éléments sous les dessins.
Complète ensuite les ensembles et les dessins.

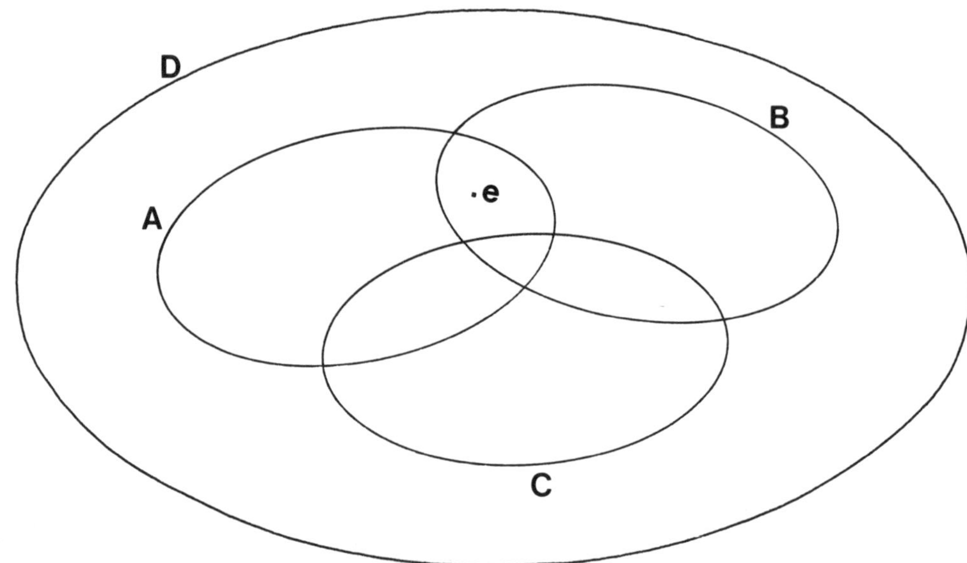

A = {les filles qui ont un nœud dans les cheveux} D = {les filles}
B = {les filles qui portent des lunettes} C = {les filles aux joues rouges}

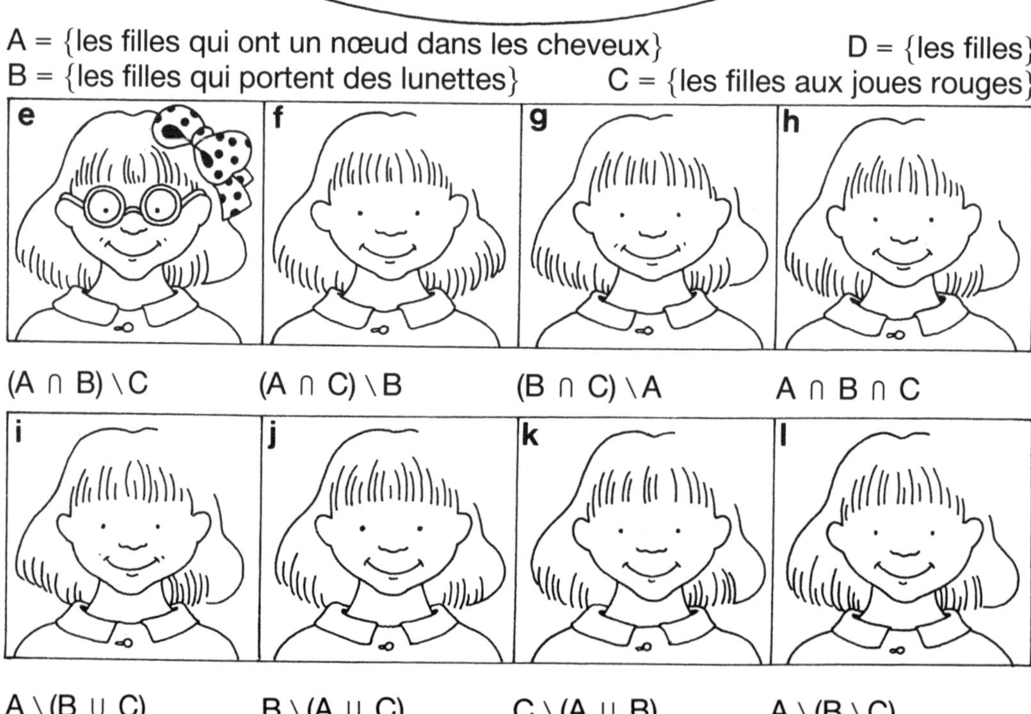

(A ∩ B) \ C (A ∩ C) \ B (B ∩ C) \ A A ∩ B ∩ C

A \ (B ∪ C) B \ (A ∪ C) C \ (A ∪ B) A \ (B \ C)

Objectif: comprendre les signes ∩, ∪ et \.

Le cirque

Imagine la suite de ces phrases en te rappelant un spectacle de cirque.

Le magicien sort un lapin.

Le magicien sort ....

Le magicien sort ....

Le magicien sort ....

Le magicien sort ....

Le jongleur lance les balles.

Le jongleur lance ....

Le jongleur lance ....

Le jongleur lance ....

Le jongleur lance ....

Le clown renverse un seau.

Le clown renverse ....

Le clown renverse ....

Le clown renverse ....

Le clown renverse ....

Le dompteur dresse l' éléphant.

Le dompteur dresse ....

Le dompteur dresse ....

Le dompteur dresse ....

Le dompteur dresse ....

Objectif: exercice de substitution de groupe complément direct du verbe.

Les fractions

123 Complète ces fractions.

$\frac{1}{4} + \frac{.}{.} = \frac{.}{4}$ ou 1 $\qquad$ $\frac{1}{3} + \frac{.}{.} = \frac{.}{3}$ ou 1

$\frac{1}{7} + \frac{.}{.} = \frac{.}{7}$ ou 1 $\qquad$ $\frac{1}{10} + \frac{.}{.} = \frac{.}{10}$ ou 1

$\frac{1}{8} + \frac{.}{.} = \frac{.}{8}$ ou 1 $\qquad$ $\frac{1}{5} + \frac{.}{.} = \frac{.}{5}$ ou 1

123 Complète par les signes: <, > ou =

Objectif: s’exercer aux fractions.

L'imparfait

Refais les phrases correctement en mettant les verbes à l'imparfait.

Pendant la préhistoire / les oiseaux / grands / (être) .... / laids / et.

....

Des cavernes / (vivre) .... / dans / il y a longtemps / les / hommes.

....

Des plantes / les mammifères / (manger) .... / préhistoriques.

....

Conjugue également les verbes ci-dessous à l'imparfait.

jeter (je): je jetais

acheter (je): j'achetais

avancer (tu): ....

placer (tu): ....

finir (elle): ....

fleurir (elle): ....

crier (nous): ....

rire (nous): ....

manger (vous): ....

vivre (vous): ....

naître (elles): ....

connaître (elles): ....

Objectif: conjuguer à l'imparfait et ordonner la phrase.

Super ou normale?

Indique les volumes suivants dans le tableau et convertis-les.
Avant tout, regarde l'exemple.

hl	dal	l	dl	cl	ml
		0,	2	5	

0,25 l = ... cl = ... dl
0,75 l = ... cl = ... ml
1,08 hl = ... l = ... dal
8,2 cl = ... ml = ... l
1,5 dal = ... l = ... cl

Réponds à la question suivante.

Combien de motos possédant le même réservoir peuvent s'approvisionner à cette pompe? ....

Objectif: convertir les volumes.

Sylvie rêve

Sylvie fait un rêve. Essaye de rassembler les mots qui vont ensemble.

la clé
la tirette
le poisson
Cendrillon
le football
l'heure
la forêt
la fourchette
la porte
le couvert
l'arbre
le pantalon
le thon
le conte
la balle
l'horloge

la clé et la porte

.... et ....

.... et ....

.... et ....

.... et ....

.... et ....

.... et ....

.... et ....

Choisis quelques mots pour composer des phrases amusantes.

....

....

....

Objectif: exercice d'association de mots et de composition de phrases

Affichons les comptes

+− :× Donne le total des opérations inscrites sur le papier peint.

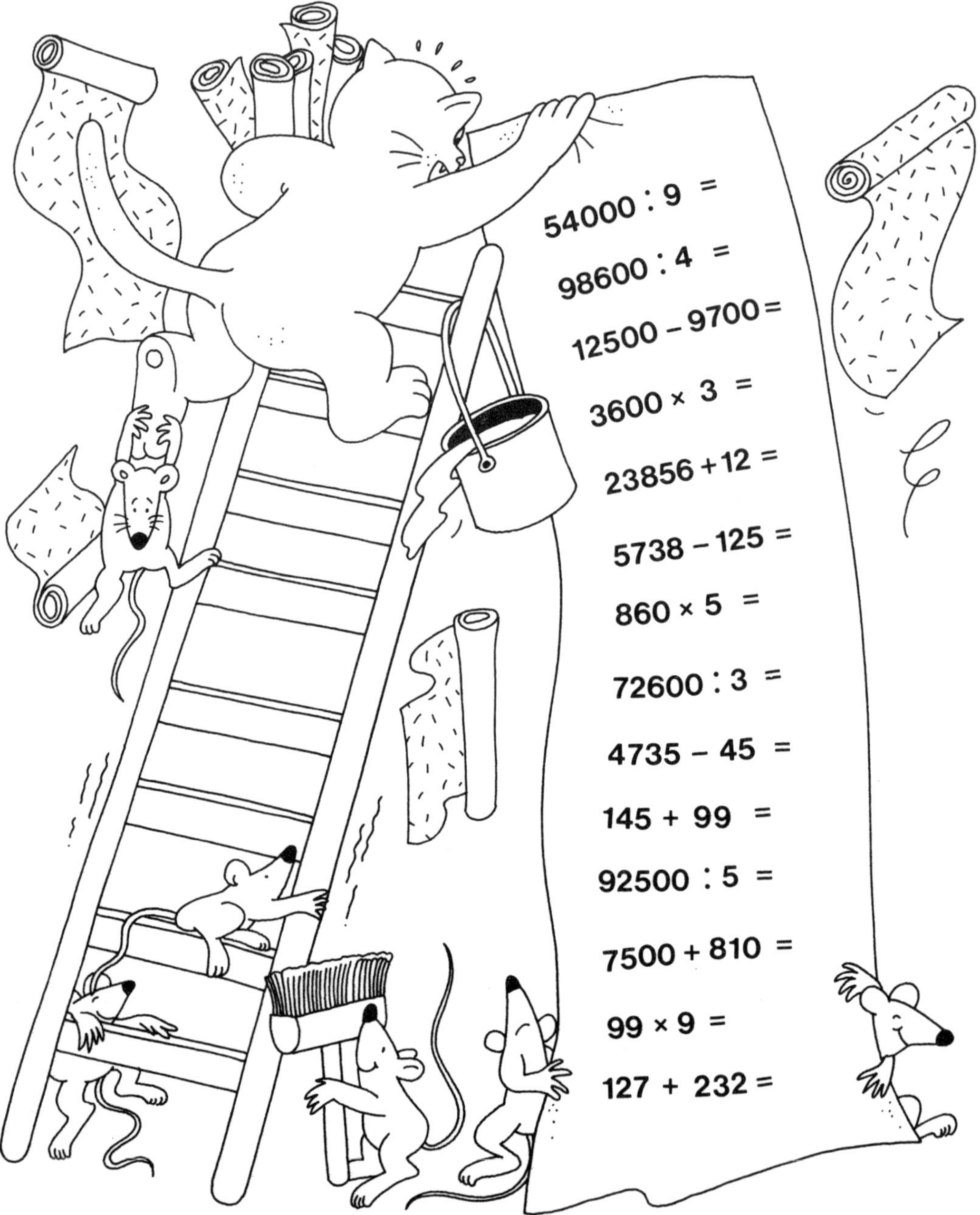

Objectif: s'entraîner aux quatre opérations fondamentales.

Petit Tom se lève

Conjugue ces verbes au présent: finir, s'essuyer, donner, nettoyer, jeter, appeler, mettre, prendre, ouvrir, partir.

Tu .... ta tartine?

Voilà, je .... ma tartine!

Tu t'........................ la bouche?

Voilà, je m'........................ la bouche!

Tu .... ta serviette?

Voilà, je .... ma serviette!

Tu .... la table?

Voilà, je .... la table!

Tu .... les miettes?

Voilà, je .... les miettes!

Tu .... le chien?

Voilà, j'........................ le chien!

Tu .... ton manteau?

Voilà, je .... mon manteau!

Tu .... ton cartable?

Voilà, je .... mon cartable!

Tu .... la porte?

Voilà, j' .... la porte!

Tu .... à l'école?

Voilà, je .... à l'école!

Objectif: conjuguer les verbes au présent.

Images dans le miroir

Ecris l'image reflétée dans le miroir.

ARBRE	315
CHAT	268
LIGNE	400

Complète ces séries.

Objectif: exercer la pensée logique, en relation avec le jeu des miroirs.

Les objets

En quelle matière sont faits ces objets? Tu es capable de les trier convenablement.

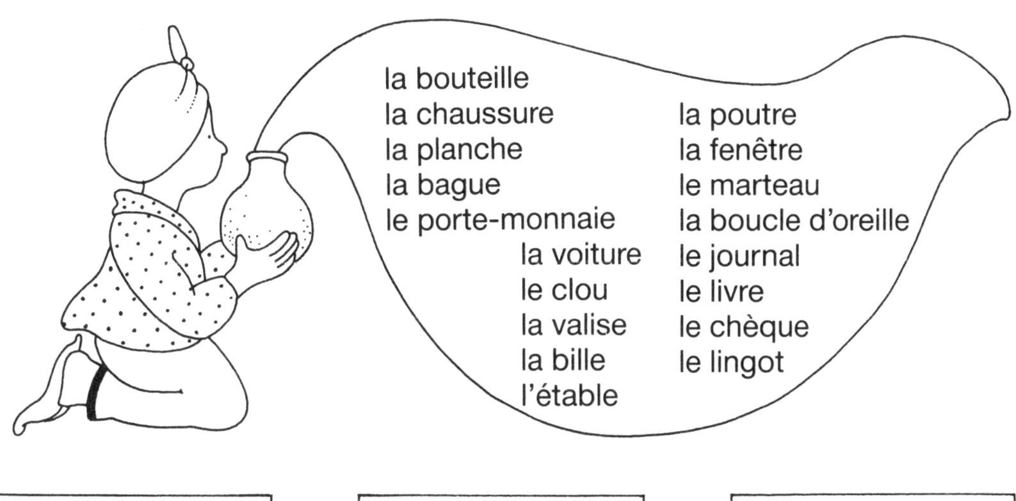

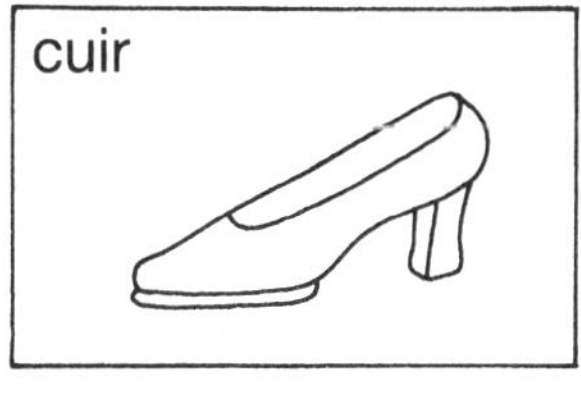

....
....
....

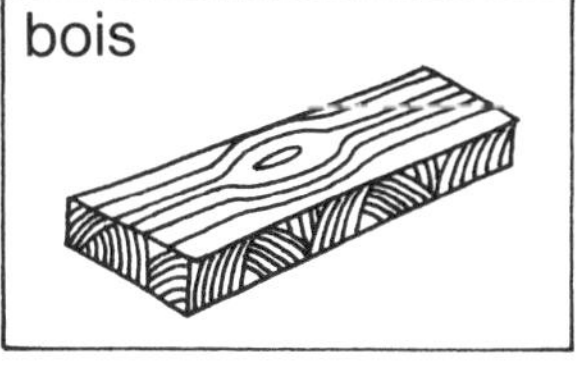

....
....
....

....
....
....

....
....
....

....
....
....

papier

....
....
....

Objectif: comprendre la notion de matière.

On campe

Mesure les différentes lignes.

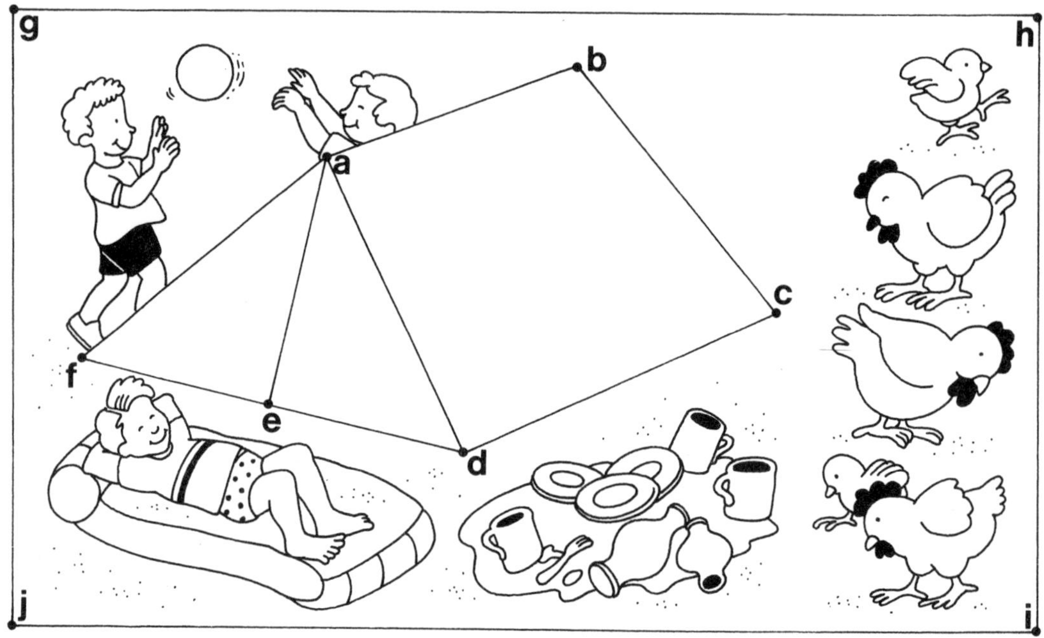

ligne ab = ... cm	ligne hi = ... cm
ligne bc = ... cm	ligne da = ... cm
ligne cd = ... cm	ligne ae = ... cm
ligne de = ... cm	ligne fd = ... cm
ligne ef = ... cm	ligne ij = ... cm
ligne af = ... cm	ligne gj = ... cm

? Réponds à la question suivante.

Mesure la ligne gh. Elle a .... cm de long. Pour faire un enclos pour les poules, trace une ligne vers le bas 4 cm à gauche à partir du point h. Compte ensuite combien d'enclos à poules tu pourrais installer dans le grand campement: .... enclos.

Objectif: apprendre à mesurer et à raisonner logiquement.

Les auxiliaires à l'imparfait

Complète donc ce texte et ces petites phrases à l'aide des auxiliaires être et avoir pour bien connaître leur imparfait.

C'était le printemps. Carole et Laurence .... allées se promener avec leur gentil chat. Soudain, le ciel s' .... couvert et de gros nuages gris .... apparus. Le soleil .... parti. Heureusement, Carole .... emporté son beau parapluie. Mais Minetou, le chat n'........................ pas content. Il .... trempé jusqu'aux os parce qu'il n'y .... pas de place pour lui sous le parapluie. Carole et Laurence s' .... bien amusées. Elles .... bien ri.

Je suis	J'	J'ai	J' ....
Tu es	Tu	Tu as	Tu ....
Il est	Il	Il a	Il ....
Nous sommes	Nous	Nous avons	Nous ....
Vous êtes	Vous	Vous avez	Vous ....
Ils sont	Ils	Ils ont	Ils ....

Objectif: utiliser et conjuguer correctement les auxiliaires à l'imparfait.

Dessiner en série

Les objets peuvent tourner sur eux-mêmes dans les deux sens.
Continue les séries toi-même comme dans l'exemple.

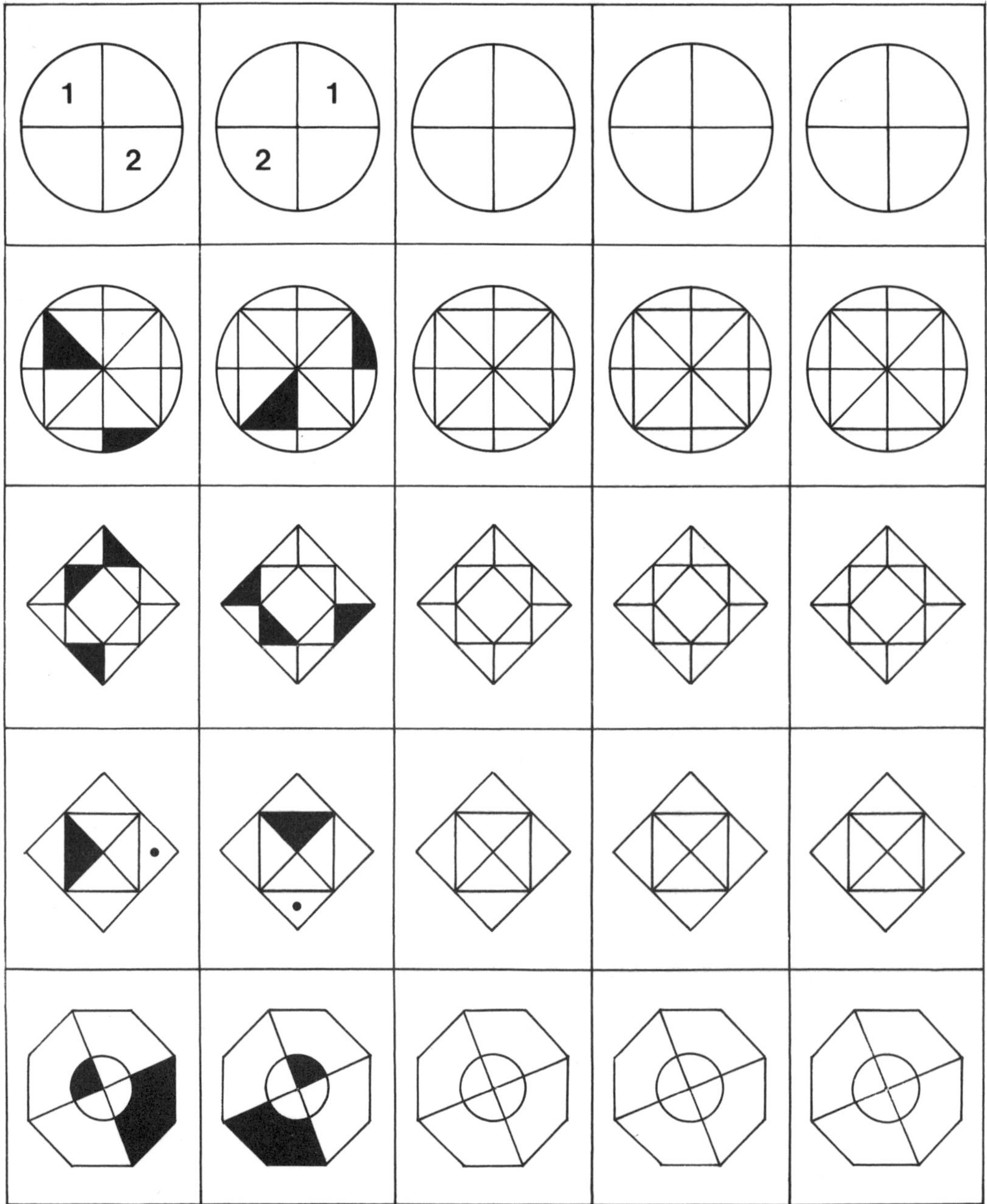

Objectif: développer la pensée logique.

L'arbre généalogique

Place sur l'arbre chaque membre de la famille de Rémi et écris la parenté.

Mes parents ont trois enfants: Lucie, Julie et Rémi.
Ma maman s'appelle Irène et mon papa, Alain.
Jean est mon oncle, il habite à Rennes.
Ma grand-mère, Marie, a eu deux fils.
Le papa de maman s'appelle Armand.
J'ai un grand-père. C'est Louis.
Ma grand-mère, c'est Thérèse.
Guy est le frère de maman.

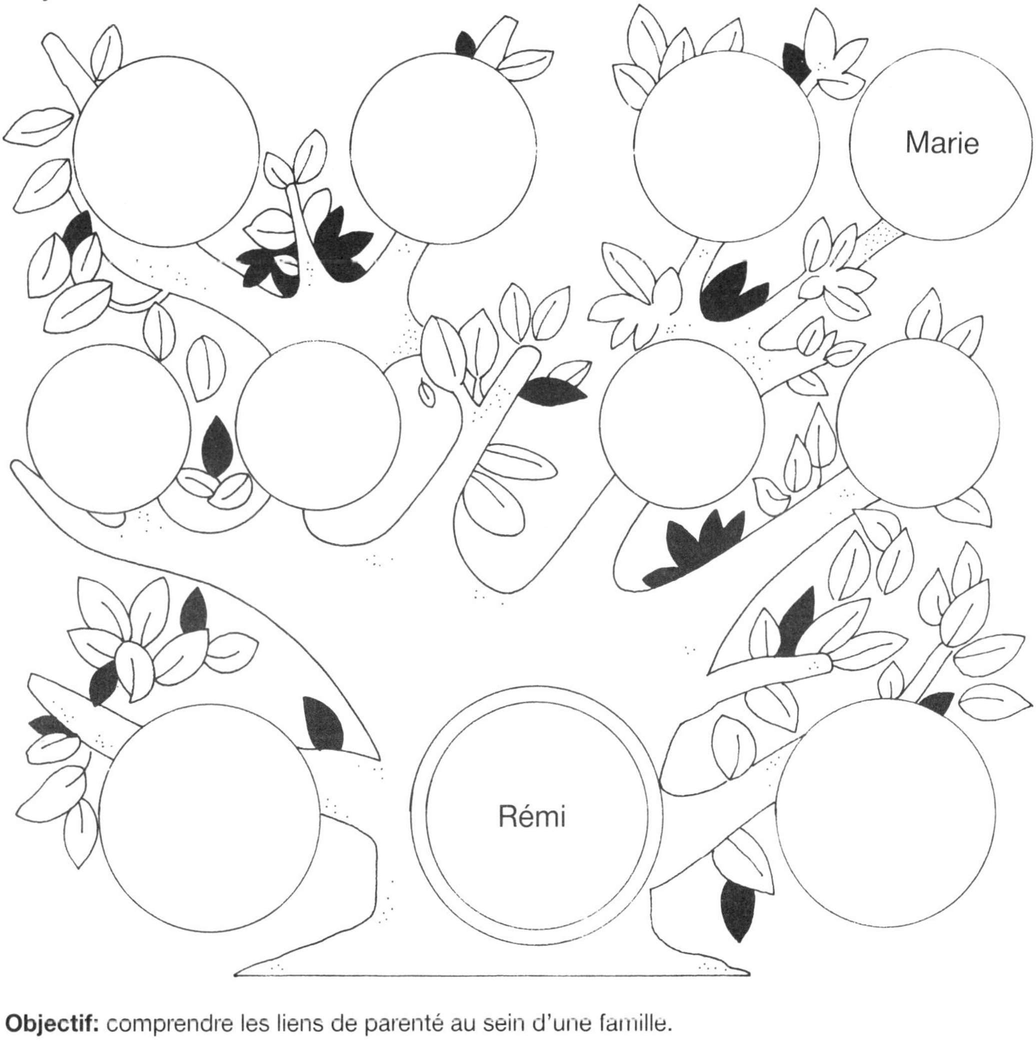

Marie

Rémi

Objectif: comprendre les liens de parenté au sein d'une famille.

Je remplis les casiers

123 Réponds aux questions ci-dessous.

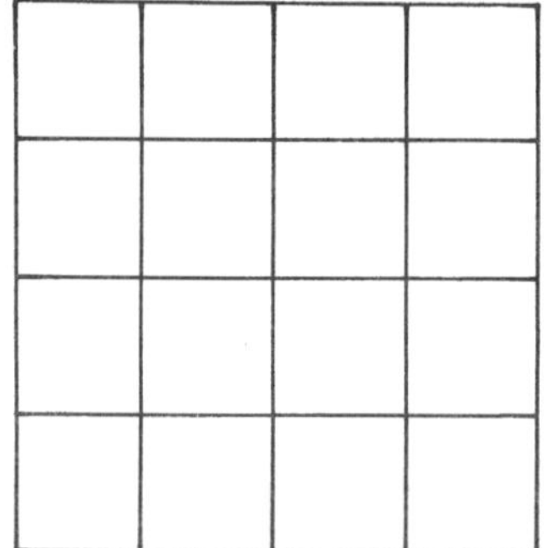

Chaque bouteille contient 1 litre. Lorsque le casier de lait est plein, il contient .... l. Maintenant, il y a seulement .... l.

Cela constitue $\frac{1}{\cdot}$ du casier complet.

Le casier est donc au $\frac{\cdot}{\cdot}$ vide. Huit bouteilles constituent $\frac{\cdot}{\cdot}$ du casier.

123 Remplis les casiers de bouteilles selon la fraction indiquée.

$\frac{2}{4}$

$\frac{4}{4}$

$\frac{1}{16}$

$\frac{2}{8}$

Objectif: s'exercer aux fractions.

Les fleurs

Colorie le pétale de la fleur si le verbe existe et fais trois phrases avec quelques-uns de ces verbes.

entre-
-tenir
-tendre
-venir
-peindre
-prendre

sur-
-venir
-tendre
-prendre
-tenir
-peindre

re-
-tenir
-tendre
-venir
-peindre
-prendre

dé-
-venir
-tendre
-prendre
-peindre
-tenir

con-
-tenir
-tendre
-venir
-peindre
-prendre

pré-
-prendre
-venir
-tenir
-peindre
-tendre

....

....

....

Objectif: exercice de vocabulaire et de construction de phrases.

Les ensembles

Complète les diagrammes, et insère un de ces signes: $\in$, $\subset$, $\cap$, $\cup$ et $\setminus$

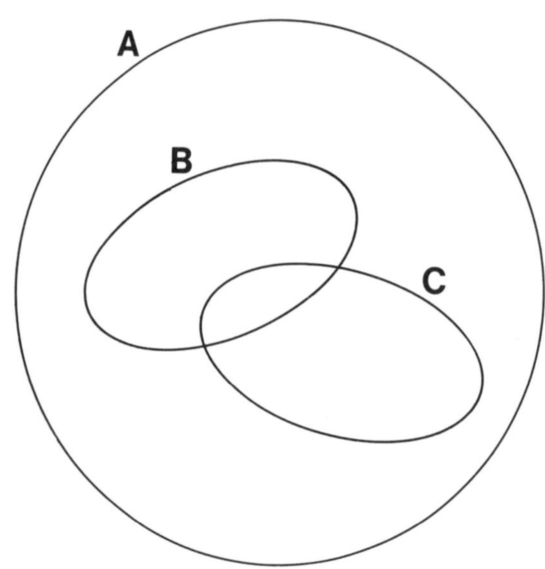

A = {12, 20, 40, 34}

B = {12, 20, 40}

C = {20, 34, 40}

12 .... B

20 $\in$ (B .... C)

B .... C = {12, 20, 40, 34}

C .... A

C .... B = {20, 40}

B .... A

Complète les diagrammes et résous les exercices.

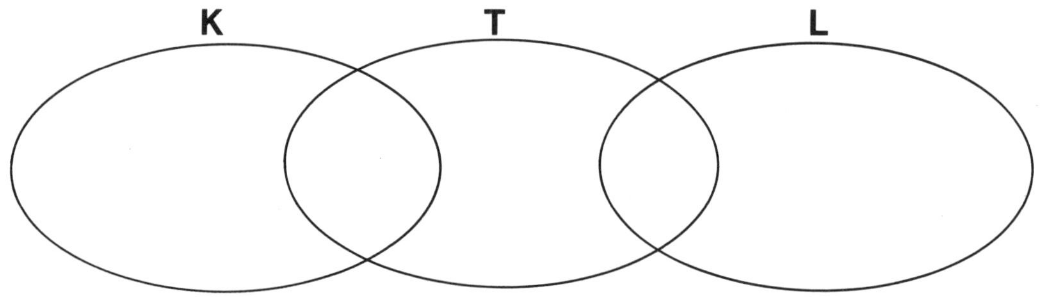

K = {20, 40, 60}	K $\cap$ T = { .... }	K $\setminus$ T = { .... }
T = {60, 30, 90}	T $\cap$ L = { .... }	T $\cup$ K = { .... }
L = {90, 99, 93}	T $\setminus$ L = { .... }	T $\setminus$ K = { .... }

Objectif: comprendre la théorie des ensembles.

Les échelles

Complète les échelles en classant ces mots alphabétiquement.

singe	écureuil	grenouille	koala
grossir	écume	simple	kiosque
empêcher	kangourou	gagner	garnir
singulier	sirop	sincère	écharpe
grenier	kilomètre	échelle	képi

objectif: classer les mots par ordre alphabétique.

En prison

Les prisonniers ont chacun un numéro. Multiplie ce chiffre par 0,01 et divise-le aussi par 10.

X 0,01

18 760 × 0,01 = 187,6

13 420 × 0,01 = ...

6 860 × 0,01 = ...

2 490 × 0,01 = ...

1 860 × 0,01 = ...

999 × 0,01 = ...

818 × 0,01 = ...

540 × 0,01 = ...

: 10

18 760 : 10 = 1 876

13 420 : 10 = ...

6 860 : 10 = ...

2 490 : 10 = ...

1 860 : 10 = ...

999 : 10 = ...

818 : 10 = ...

540 : 10 = ...

Objectif: apprendre à multiplier et à diviser.

Annie fait du cheval

Souligne dans ce texte le plus de groupes sujets possible. Retrouve aussi les mots du texte et entoure le chiffre à leur droite.

Annie est en tenue d'équitation. Elle porte un pantalon, des bottes et une bombe pour se protéger la tête. Ce n'est pas au premier cours, ni au second ni même au troisième qu'Annie deviendra cavalière. Un cheval n'est pas une bicyclette, il a aussi un "caractère", et, marcher droit, au pas, puis au trot, puis de nouveau au pas, réclame beaucoup de patience. L'école où Annie apprend à monter à cheval s'appelle un manège. Annie a appris beaucoup de choses. Elle sait maintenant qu'un haras est un endroit où sont gardés les très beaux chevaux, les étalons, destinés à maintenir la race. Elle connaît la différence entre une course et un concours hippique. Une course est une compétition entre plusieurs chevaux dont le but est d'arriver le premier. Le concours hippique ou "jumping" est un concours où il s'agit de franchir des obstacles sans les faire tomber et bien entendu dans un temps limité.
Et Annie rêve aux grandes écoles de cavalerie comme celle de Vienne et surtout celle de Saumur. Elle rêve aussi de devenir un jour une grande cavalière au nom prestigieux.

pays 1	école 5	jumping 9	obstacles 13
cours 2	dompter 6	haras 10	étalons 14
tête 3	cadeaux 7	avoine 11	donner 15
peur 4	droit 8	jument 12	raisins 16

Objectif: comprendre un texte et repérer les groupes sujets.

Le calcul des fleurs

Complète les opérations. Le résultat se trouve toujours au centre de la fleur.

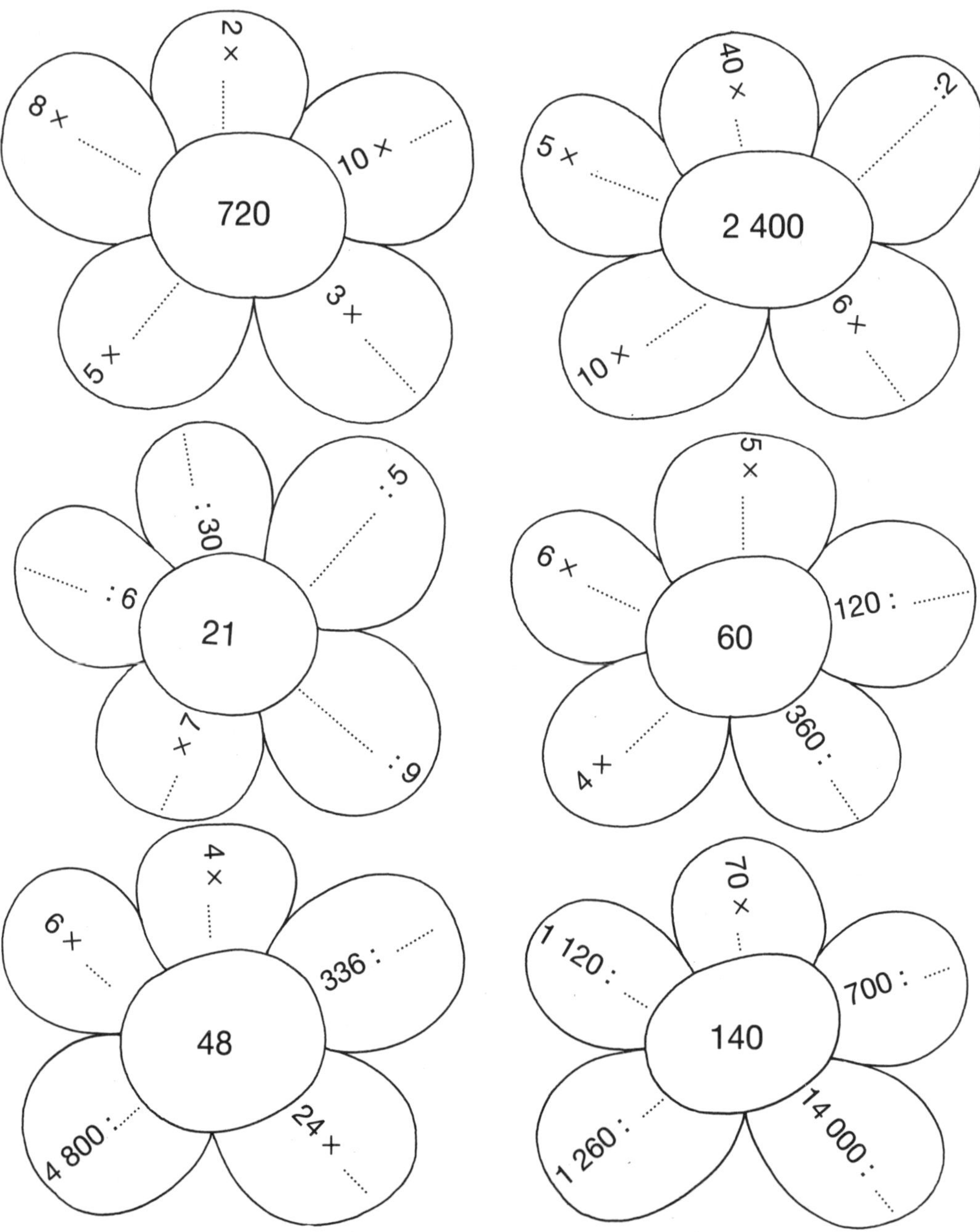

Objectif: apprendre à multiplier et à diviser.

Les expressions

S

Cédric est dans son bain, il réfléchit. Aide-le en reliant les phrases de même signification.

Objectif: connaître la signification d'expressions communes.

En classe

Résous sur les ardoises les opérations qui sont au tableau.

3,4 + 2,7 =
0,4 + 0,7 =
0,6 + 0,8 =
1,7 + 2,2 =
2,4 + 1,8 =
5,2 + 3,3 =

$$\begin{array}{r} 3,4 \\ +\ 2,7 \\ \hline 6,1 \end{array}$$

Objectif: compter en nombres décimaux.

Les terminaisons

Cécile ne connaît pas bien l'orthographe française.
Elimine pour elle les mauvaises solutions.

le cham-	ois	oit	gris
le mugu-	ais	et	de mai
le détr-	oi	oit	d'Ormuz
l'empl-	oit	oi	du temps
la piq-	ûre	ure	de moustique
la sour-	is	ix	des champs
la toup-	ie	ille	de Lucie
l'aven-	ue	u	du Parc
l'écur-	euil	euille	des bois
le murm-	ure	ûre	des élèves
le pommi-	ée	er	en fleurs
le rév-	eille	eil	du roi

le déjeun-	er	é	chaud
le calc-	ule	ul	mental
le mar-	et	ais	de Bretagne
la majusc-	ule	ul	du nom
la mâch-	oir	oire	de l'homme
la perdr-	ix	is	rousse
le cong-	er	é	scolaire
le chèvref-	euil	euille	blanc
le mus-	é	ée	royal
le coul-	oire	oir	du train
la coméd-	it	ie	italienne
le cop-	in	ain	de Jean

Objectif: travailler l'orthographe d'usage.

Lire l'heure

123 Regarde l'horloge et écris les heures en chiffres romains.

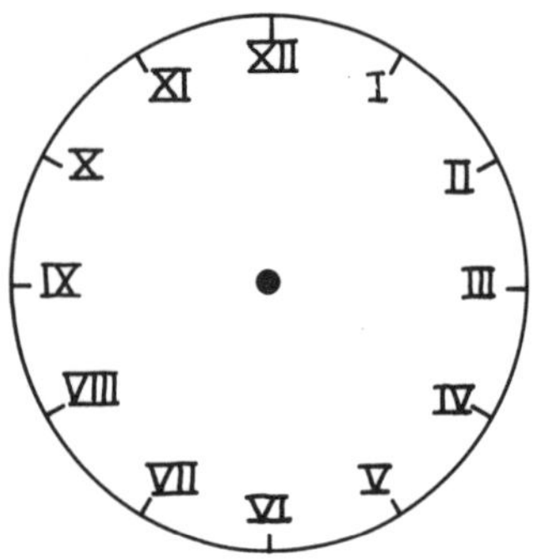

1 = ... 7 = ...

2 = ... 8 = ...

3 = ... 9 = ...

4 = ... 10 = ...

5 = ... 11 = ...

6 = ... 12 = ...

123 Complète les horloges.

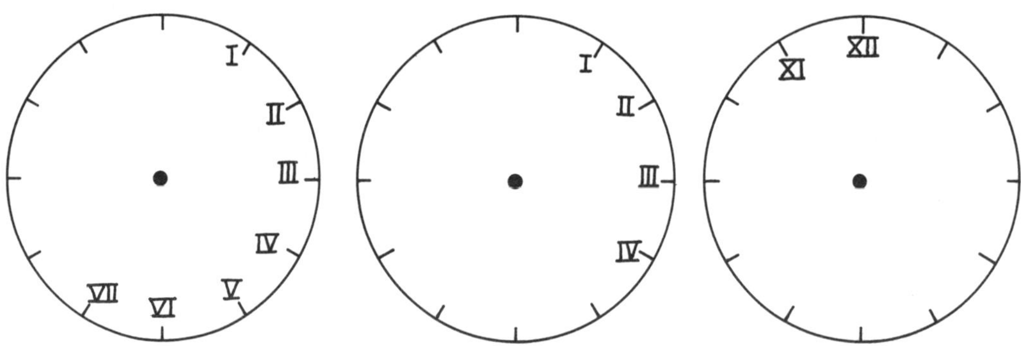

123 Complète les horloges en chiffres romains.
Indique sur l'horloge l'heure donnée.

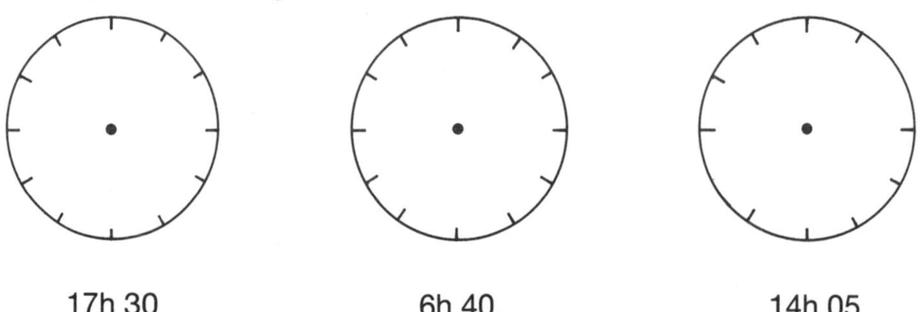

17h 30 6h 40 14h 05

Objectif: apprendre les chiffres romains.

La cueillette des cerises

Raconte l'histoire en dessous des dessins.

....

....

....

....

....

....

....

....

....

....

....

....

Objectif: apprendre à écrire une histoire.

Hissons le drapeau

Résous les opérations se trouvant dans les drapeaux.

Objectif: s'exercer aux opérations fondamentales.

Les féminins

Trouve le féminin de ces mots. Mets une croix dans la case qui convient.

	-trice	-euse	-tte	-ère	-e	-nne	-lle	-sse
le skieur								
le gardien								
pareil								
l'acteur								
le visiteur								
le boulanger								
le patron								
l'infirmier								
le moniteur								
travailleur								
muet								
roux								
nul								
gentil								
l'employé								
sot								
léger								

Objectif: exercice sur le féminin des noms communs et des adjectifs.

En voyage

? Lis tout le récit, puis résous chaque problème.

L'année passée, pendant les vacances de Noël, nous sommes allés en Suisse. Ce fut un voyage en train de 1 200 km qui a duré 6 heures. Le train roulait à la vitesse de .... km/heure. Si ce trajet avait duré 8 heures, le train aurait roulé à .... km/heure.

En Suisse, nous avons fait une promenade de 6 jours d'une montagne à l'autre. En tout, nous avons marché 35 heures d'un sommet à l'autre. Nous nous promenions à la vitesse de 5 km/heure. Les sommets étaient donc distants de .... km.

En Suisse, nous avons pris le train pour Genève. Le train est parti à deux heures et est arrivé à quatre heures. Pendant le trajet, le train s'est arrêté une demi-heure. La distance était de 135 km. Le train roulait donc à .... km/heure.

Objectif: s'exercer au calcul du temps, de la vitesse et des distances.

Qui sont-elles?

Observe les dessins et imagine des réponses originales aux questions qui te sont posées.

Qui sont ces deux femmes? ....

....

Où sont-elles? ....

....

Laquelle des deux est la plus gentille? Pourquoi? ....

....

La première est mariée. Décris son mari. ....

....

Quelle heure est-il? ....

....

Que faisait la deuxième, il y a une heure? ....

....

Elles commencent à se parler. Que se disent-elles? ....

....

La première descend. Où va-t-elle? ....

....

Objectif: travail de rédaction dirigée.

Le deltaplane

Colorie le deltaplane selon les indications ci-dessous.

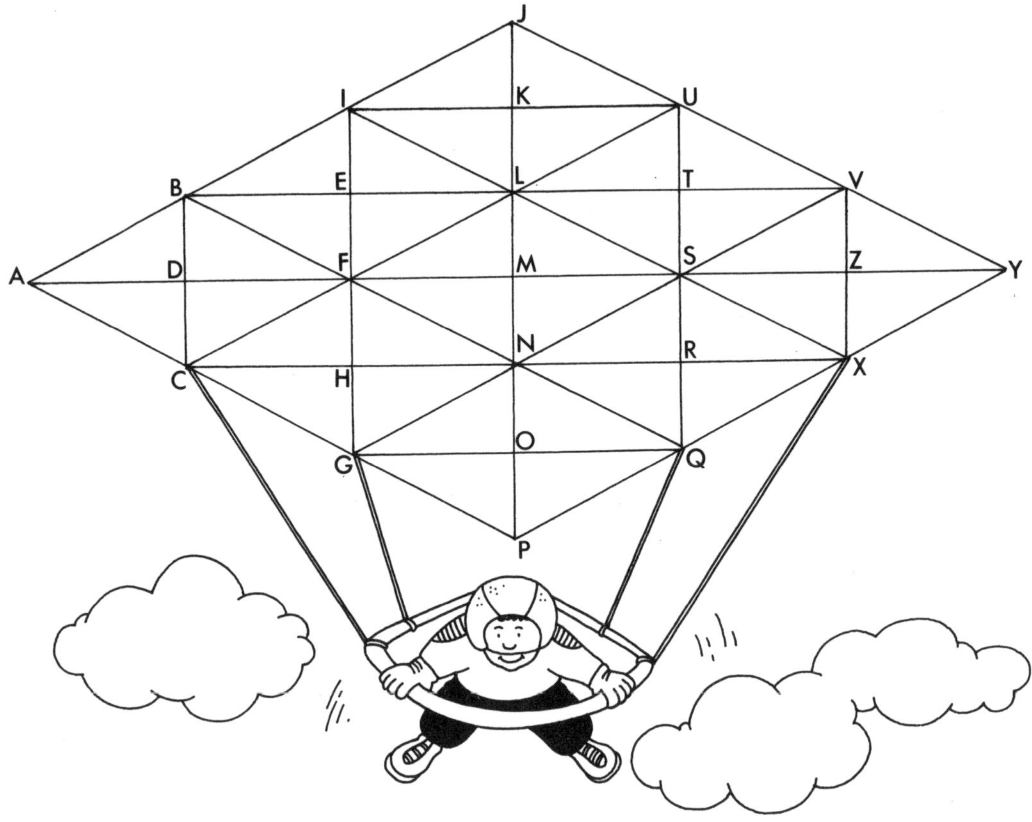

Colorie quatre rectangles en bleu
Colorie huit triangles en rouge
Colorie un losange en vert

Forme à l'aide des lettres trois autres rectangles, losanges et triangles.

rectangle: ....

triangle: ....

losange: ....

Objectif: reconnaître les formes géométriques.

Où, quand, comment?

Mets ces parties de compléments à la bonne place.

"Où" indique le lieu
"Quand" indique le temps
"Comment" indique la manière

maintenant, triste, cette nuit, près de la rivière, dans la cuisine, gaiement ici, pendant la matinée, mardi, en riant, très vite.

OU?	QUAND?	COMMENT?
....	....	très vite
....	....	....
....	....	....
....	....	....

Réponds brièvement à ces questions.

Comment travailles-tu à l'école?	très bien
A quelle heure te lèves-tu?	....
Quand commencent les prochaines vacances?	....
Comment avance une tortue?	....
Où les oiseaux déposent-ils leurs œufs?	....

Objectif: comprendre la notion de temps, de lieu et de manière.

Le gâteau

Résous les opérations en partant du bas et monte d'un échelon dès que tu as résolu une série.

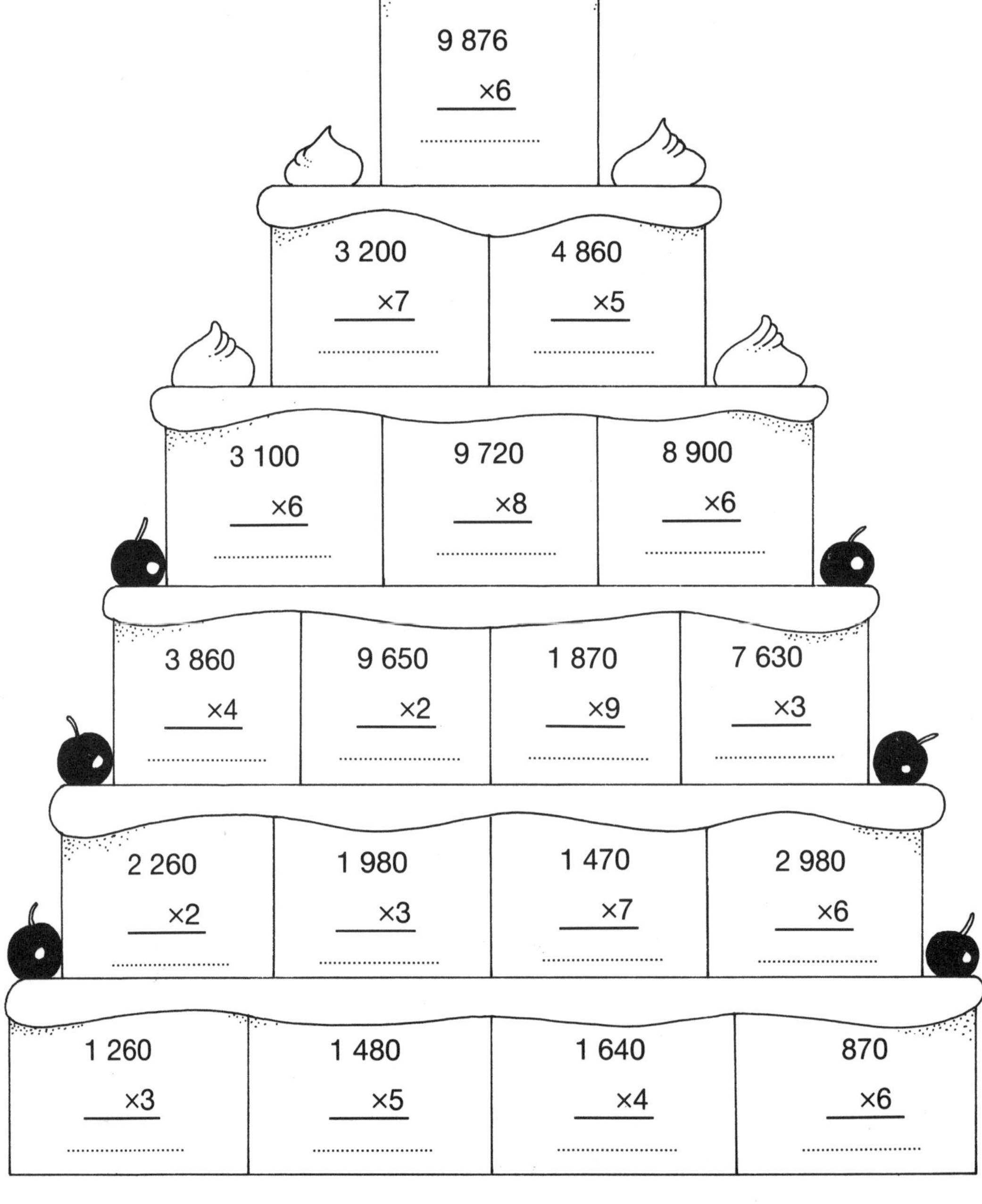

Objectif: multiplier sans problèmes.

Les soleils

Relie d'après l'orthographe.
Travaille avec le dictionnaire si tu hésites.

la gorg-
la cruaut-
la chicor-
la pinc-
la beaut-
la tourn-
l'amiti-
la qualit-
la salet-
la vall-
la fiert-
la sociét-
la rang-
la sonorit-
l'araign-

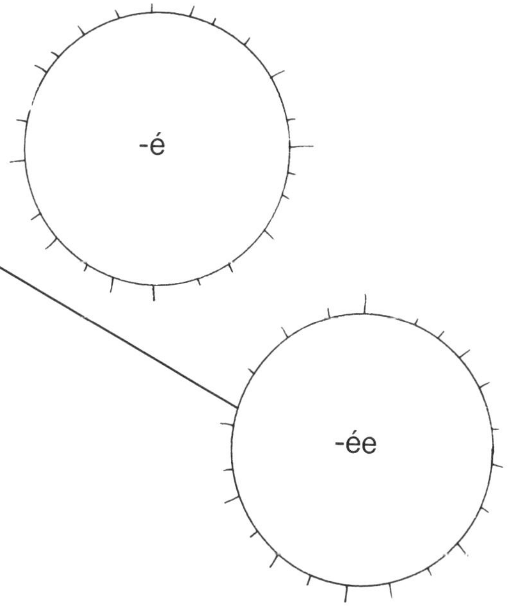

-é

-ée

-oir

le territ-
le pouv-
la gl-
voul-
la pass-
l'iv-
cr-
le dev-
l'arm-
le réfect-
l'esp-
le conservat-
le trott-
la mém-
la mâch-

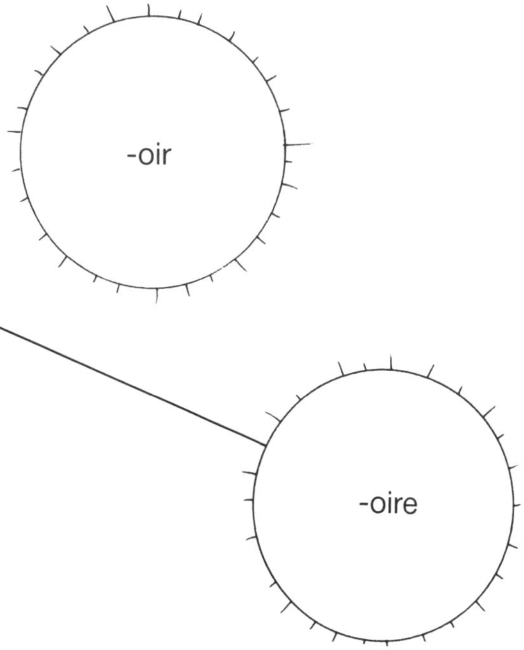

-oire

Objectif: travailler l'orthographe d'usage.

Les belles divisions

Effectue les divisions comme c'est indiqué dans l'exemple.

Objectif: diviser sans problèmes.

Les oiseaux en voyage

Raconte l'histoire des oiseaux.
Le dialogue va t'aider.

"Qui vient nager avec moi?", demanda l'étourneau.
"D'accord", répondit le pinson. "Allons nager dans l'océan."
"Si on allait sur la côte espagnole", proposa le merle.
"J'ai faim", dit le moineau. "Je voudrais des spaghettis d'Italie, du fromage suisse, de la bière allemande et, pour terminer, des pralines belges."
"Partons maintenant", dit l'étourneau.
"Quel beau voyage!", chantent les oiseaux.

Les oiseaux sont rassemblés sur un fil électrique. ....

....

....

....

Ils arrivent dans un restaurant à Rome. ....

....

....

....

....

....

....

....

.... Ils sont enchantés de leur beau voyage.

Objectif: amplifier un récit.

Représenter des ensembles

Dessine dans chaque ensemble les éléments similaires.

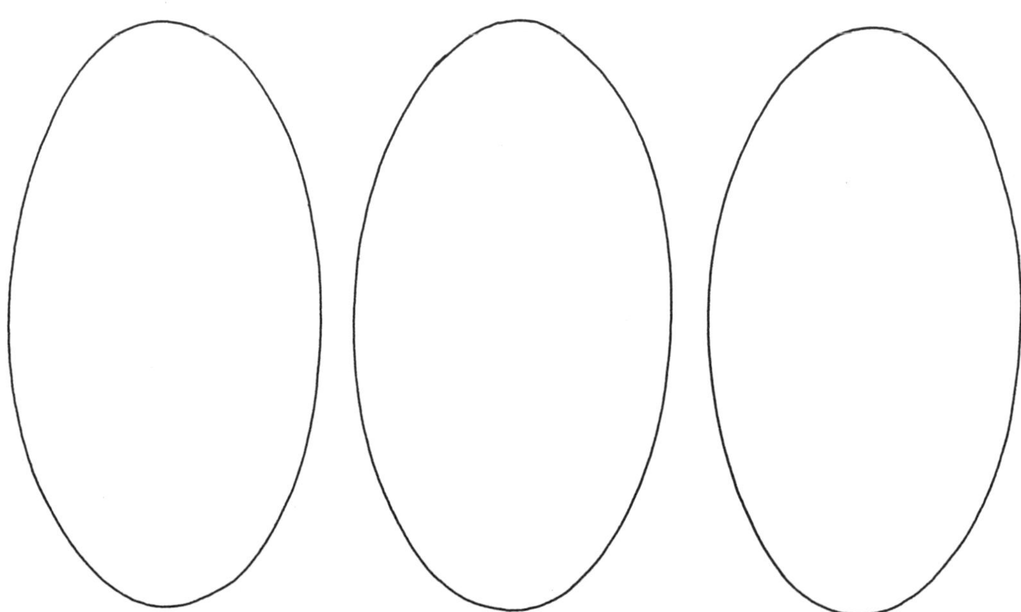

Objectif: composer des ensembles d'éléments.

Jouons avec ces mots

Quel mot trouves-tu si tu suis les flèches?

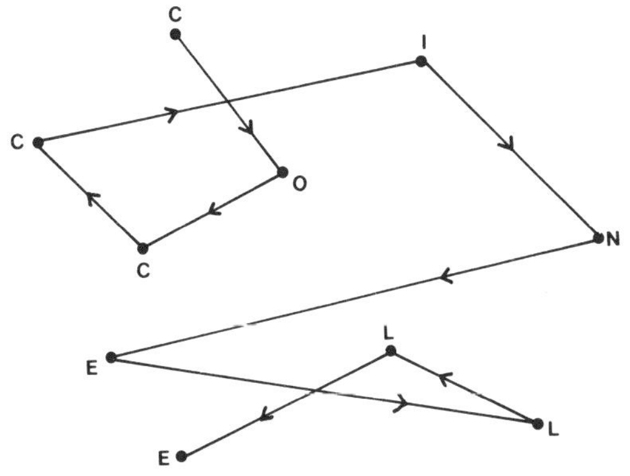

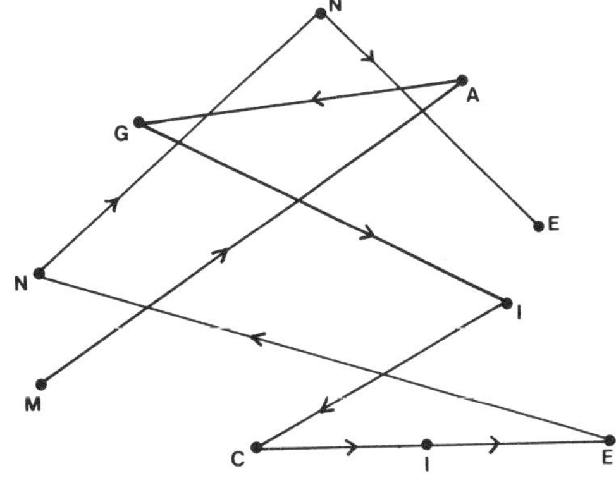

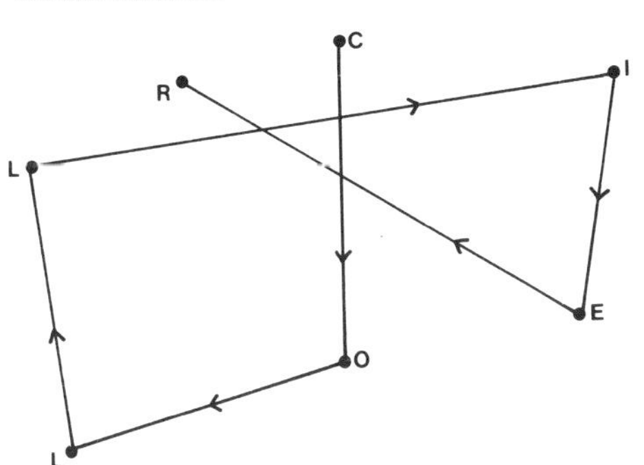

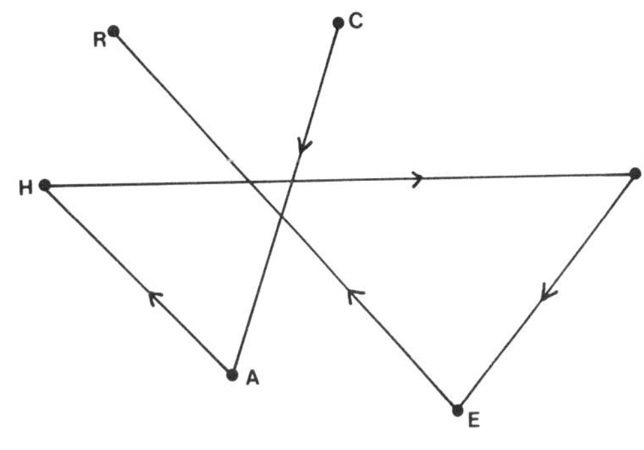

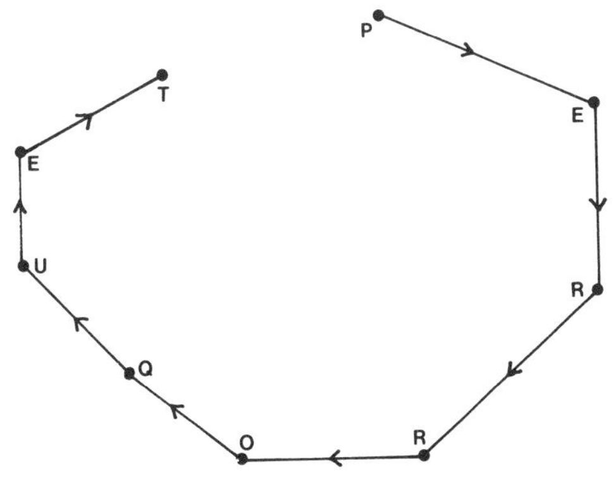

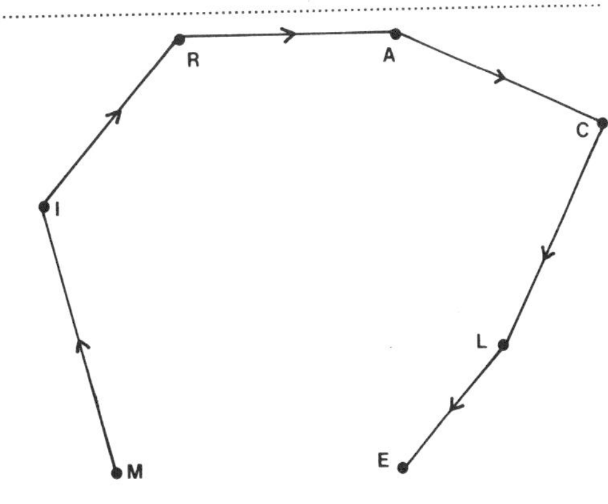

Objectif: jeu de lecture créative.

En voyage

? Béatrice est en voyage à l'étranger. Aide-la à estimer le prix de ces marchandises.

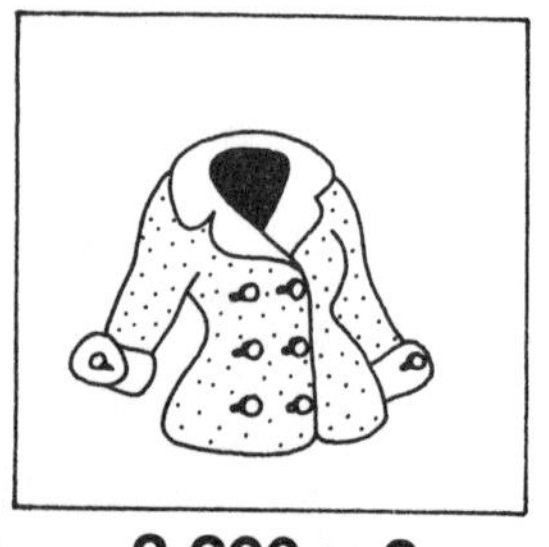

3 200 × 3

Je pense que ce manteau coûte plus de .... , car 3 × 3 000 = ... et coûte moins de .... , car 3 × 4 000 = ...

Il coûte: (3 × 3 000) + (3 × 200) = 9 600 .

4 320 × 2

Je pense que ce costume coûte plus de .... , car .... × .... = ... et coûte moins de .... , car .... × .... = ...

Il coûte: ....

1 700 × 3

Je pense que ce vélo coûte plus de .... , car .... × .... = ... et moins de .... , car .... × .... = ...

Il coûte: ....

8 500 × 6

Je pense que cet ordinateur coûte plus de .... , car .... × .... = ... et moins de .... , car .... × .... = ...

Il coûte: ....

Objectif: apprendre à évaluer et à multiplier.

Les formes verbales et leur infinitif

Retrouve l'infinitif de ces verbes.

Hier, j'ai reçu un livre à colorier.

Tantôt, je vais .... des baisers.

Hier, je me suis assis sur le banc.

Tantôt, je vais m'.......................... sur son lit.

Hier, j'ai pris une glace à la vanille.

Tantôt, je vais .... mon bain.

Hier, j'ai écrit à mon amie Martine.

Tantôt, je vais .... des bêtises.

Hier, j'ai bu beaucoup de grenadine.

Tantôt, je vais .... mon potage.

En ce moment, je mange du pain.

Bientôt, je vais .... ton gâteau.

Maintenant, je connais cette leçon.

Bientôt, je vais tout ....

Maintenant, je donne un os au chien.

Bientôt, je vais lui .... de l'eau.

Maintenant, je n'ai pas envie de rire.

Bientôt, je vais .... envie de lire.

En ce moment, je fais un puzzle.

Bientôt, je vais .... le clown.

Objectif: reconnaître l'infinitif des verbes.

A la mer

Complète les séries. Ecris les réponses dans les dessins.

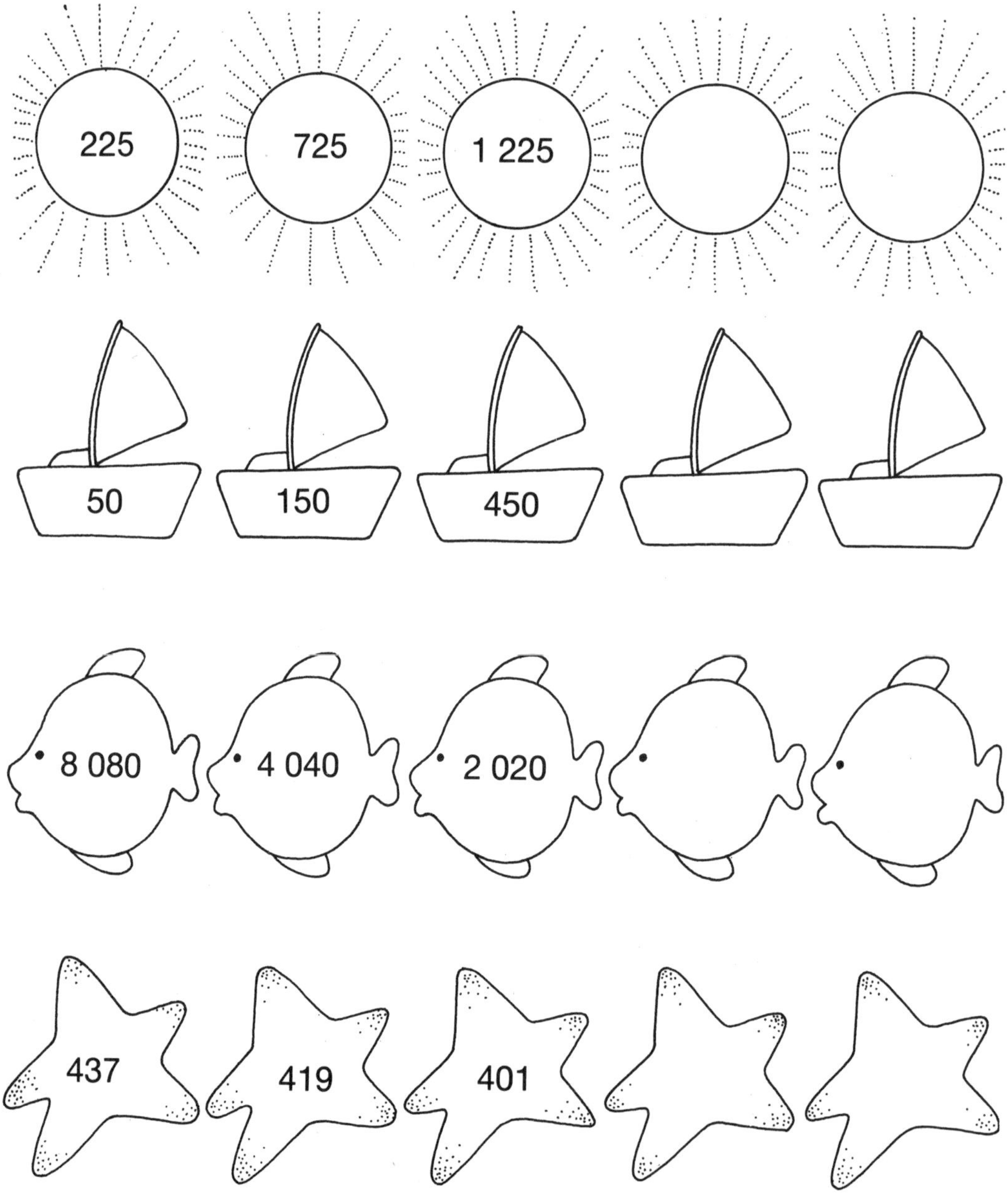

225 | 725 | 1 225 | |

50 | 150 | 450 | |

8 080 | 4 040 | 2 020 | |

437 | 419 | 401 | |

Objectif: exercice sur les progressions arithmétiques.

Petit poète

Tu es certainement un grand poète. Il suffit pour cela que tu laisses aller ton imagination. Complète donc les phrases ci-dessous.

Si j'étais un parfum, ce serait ....

Si j'étais une chanson, ce serait ....

Si j'étais un dessert, ce serait ....

Si j'étais un conte de fée, ce serait ....

Ecris tous les mots originaux qui te viennent à l'esprit en lisant les trois termes ci-dessous.

soleil: ....

ami: ....

papillon: ....

Trouve, comme dans l'exemple,
des mots qui riment de façon amusante.

Le moineau	picote	le chapeau.
....	picote	....
....	picote	....
La souris	n'aime pas	le riz.
....	n'aime pas	....
....	n'aime pas	....
Le lapin	saute dans	le train.
....	saute dans	....
....	saute dans	....

Objectif: s'initier à la poésie.

Monter et descendre

Effectue les opérations et écris chaque fois les réponses.

....

.... + 9 999 =

.... + 22 = ... + 6 =

.... + 1 162 .... + 124 =

5 127 + 40 = ... + 2 345 = ... + 62 =

→ 1 122 + 1 366 = ... + 1 439 = ... + 1 200 =

→ 999 – 1 =

998 – 1 = ... – 2 =

.... – 499 = ... – 3 =

.... – 54 = ... – 122 =

.... – 9 = ... – 99 = ... – 3 =

.... – 8 = ... – 36 = ... – 40 = ...

Objectif: s'exercer à l'addition et la soustraction

Les homonymes

S

Choisis le bon mot et écris-le dans la phrase.

sein	Maman donne le .... à bébé.	saint
sein	Moi, je connais .... Nicolas.	saint
conte	Olivier .... jusqu'à trente.	compte
conte	Cendrillon est un .... de fée.	compte
père	Le .... de Marc s'appelle Luc.	paire
père	J'ai reçu une .... de bottes.	paire
cou	Le .... de la girafe est long.	coup
cou	Je ne pouvais pas donner ce	coup
ver	Tu n'as pas peur du .... de terre.	vers
ver	Mon grand-père roule .... Paris.	vers
voit	Il .... mieux avec ses lunettes.	voix
voit	Le chanteur a une belle	voix
verre	Nous colorions ce dessin en	vert
verre	Ils boivent un .... de lait.	vert

Objectif: orthographier correctement les homonymes.

Au cirque

Jean, Anne, Catherine et Pierre vont au cirque. Quel est celui qui suit le chemin le plus long?

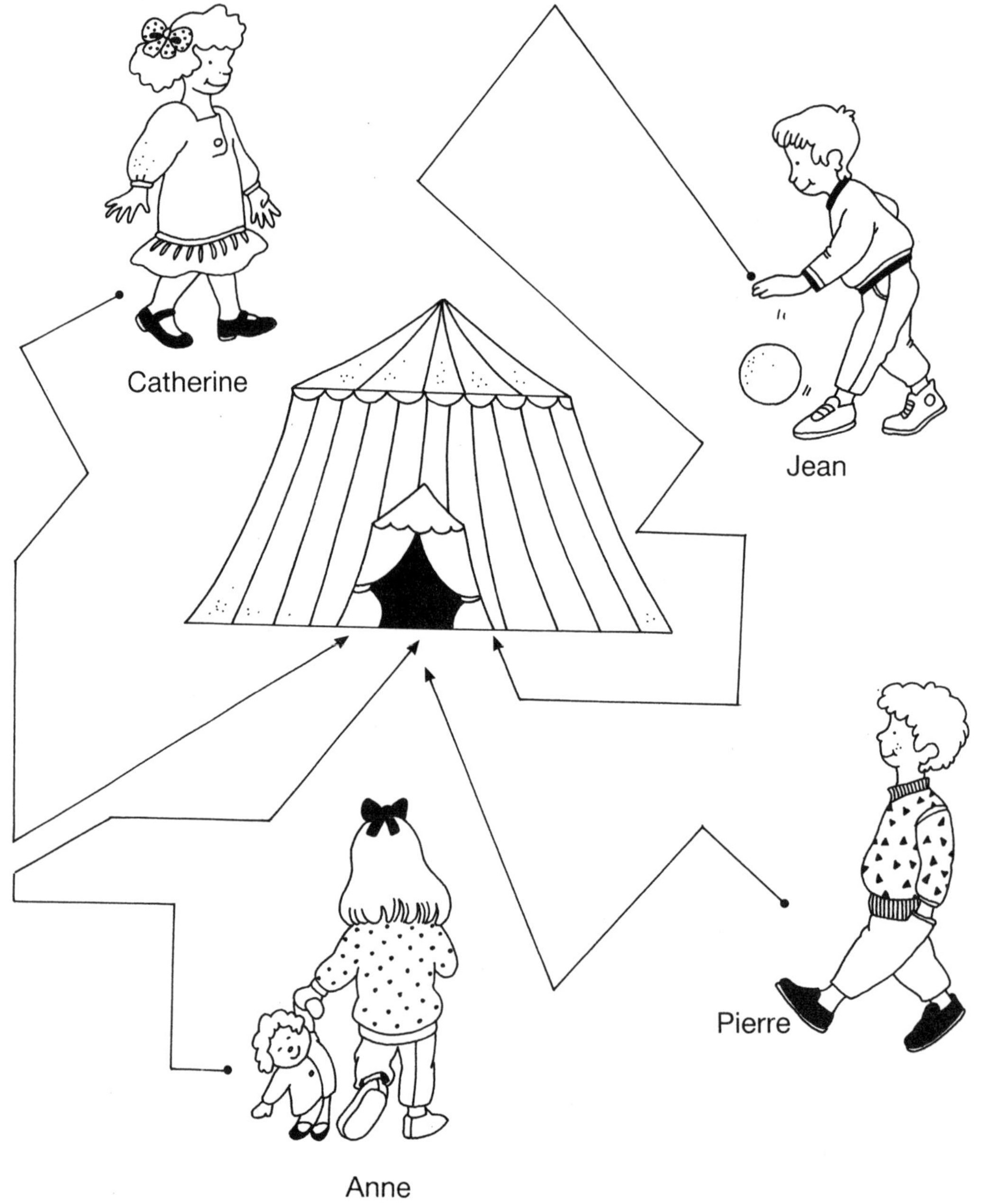

Catherine

Jean

Pierre

Anne

Objectif: mesurer au millimètre près.

La chatte de Géraldine

Trouve ce qui a été oublié: l'ordre des mots (O.M.), la majuscule (M), le point (P), le pluriel (PL). Ecris les abréviations qui conviennent.

Timour, la chatte de Géraldine, attend des petit. Elle est devenue grosse et

....

paresseuse. Elle reste au coin du feu. Géraldine ne peut lui donner pas à

....

manger pour deux timour ne doit pas trop grossir. La chatte un abri cherche

....

pour mettre bas et géraldine lui prépare un grand panier un dans coin.

....

Cinq chatons naisse Timour ne veut pas qu'on s'approche d'eux. Elle

....

souffle et sort ses griffes Les petits chaton jouent avec les oreilles de leur

....

maman et au bout de vingt jours environ, ils commencent se à débrouiller

....

tout seuls comme des grand.

....

Objectif: apprendre à corriger des erreurs grammaticales.

Les Jeux Olympiques

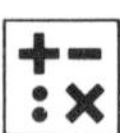

Effectue les divisions après avoir compris l'exemple.

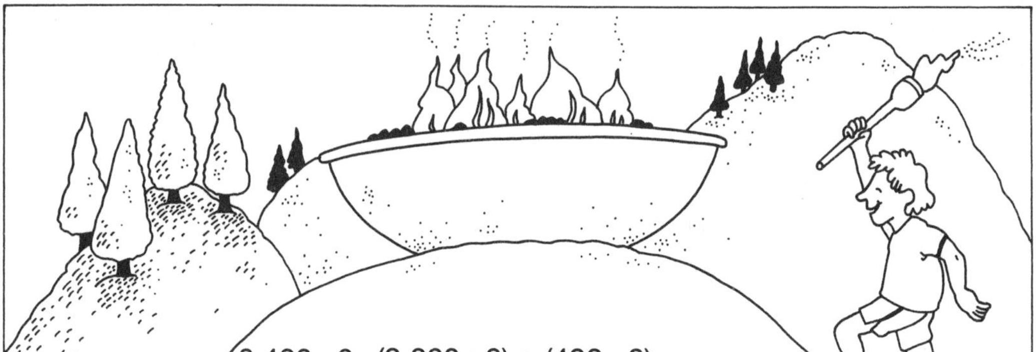

2 400 : 2 (2 000 : 2) + (400 : 2) = ...

8 600 : 4 .... + ... = ...

9 600 : 3 .... + ... = ...

3 900 : 3 .... + ... = ...

6 300 : 2 .... + ... = ...

1 200 : 2 .... + ... = ...

22 200 : 4 (20 000 :4) + (2 000 :4) + (200 :4) = ...

36 600 : 3 ....

12 400 : 4 ....

46 800 : 2 ....

99 900 : 3 ....

86 400 : 2 ....

360 900 : 3 (300 000 : 3) + (60 000 : 3) + (900 :3) = ...

840 000 : 2 ....

969 000 : 3 ....

160 000 : 4 ....

224 000 : 2 ....

550 000 : 5 ....

Objectif: apprendre à simplifier les divisions.

Les mots contraires

Relie les mots de sens contraire.

devant •	• sous	avant •	• après
près de •	• contre	avec •	• entrée
toujours •	• derrière	bas •	• sans
intérieur •	• loin de	sortie •	• jeune
sur •	• hors de	juste •	• haut
pour •	• extérieur	vieux •	• injuste
dans •	• jamais	mâle •	• haïr
paix •	• guerre	aimer •	• femelle

Relie les mots qui ont presque le même sens et trouve l'autre mot qui leur ressemble.

écolier	remuer	se. . . .r
habitude	juste	ex. .t
agiter	étudiant	él. .e
vrai	mœurs	co. . . .e
furieux	relaxation	dé. . . .e
content	aisé	fo. . . .é
indiquer	satisfait	he. . . .x
repos	en colère	fâ. .é
riche	signaler	mo. . . .r

Objectif: comprendre la notion de synonyme et d'antonyme.

Le magasin de poupée

Annie et Lucie jouent au magasin. Elles utilisent de la fausse monnaie. Complète les pointillés.

ARTICLE	PRIX UNITAIRE	QUANTITE	TOTAL
crayons	10	3	....
livres	90	....	270
cahiers	....	2	90
stylos	300	2	....
roses	....	7	245
cactus	200	9	....
œillets	10	....	150
tulipes	15	3	....
choux-fleurs	....	5	100
salades	20	9	....
choux blancs	40	....	80
choux rouges	42	2	....
tartes	399	....	1 197
pains	47	3	....
gâteaux	....	20	100
pralines	7	12	....

Objectif: établir une relation entre le prix unitaire, le prix total et la quantité.

Les instruments de musique

Entoure les mots qui ne sont pas des instruments de musique.
Un message apparaîtra.

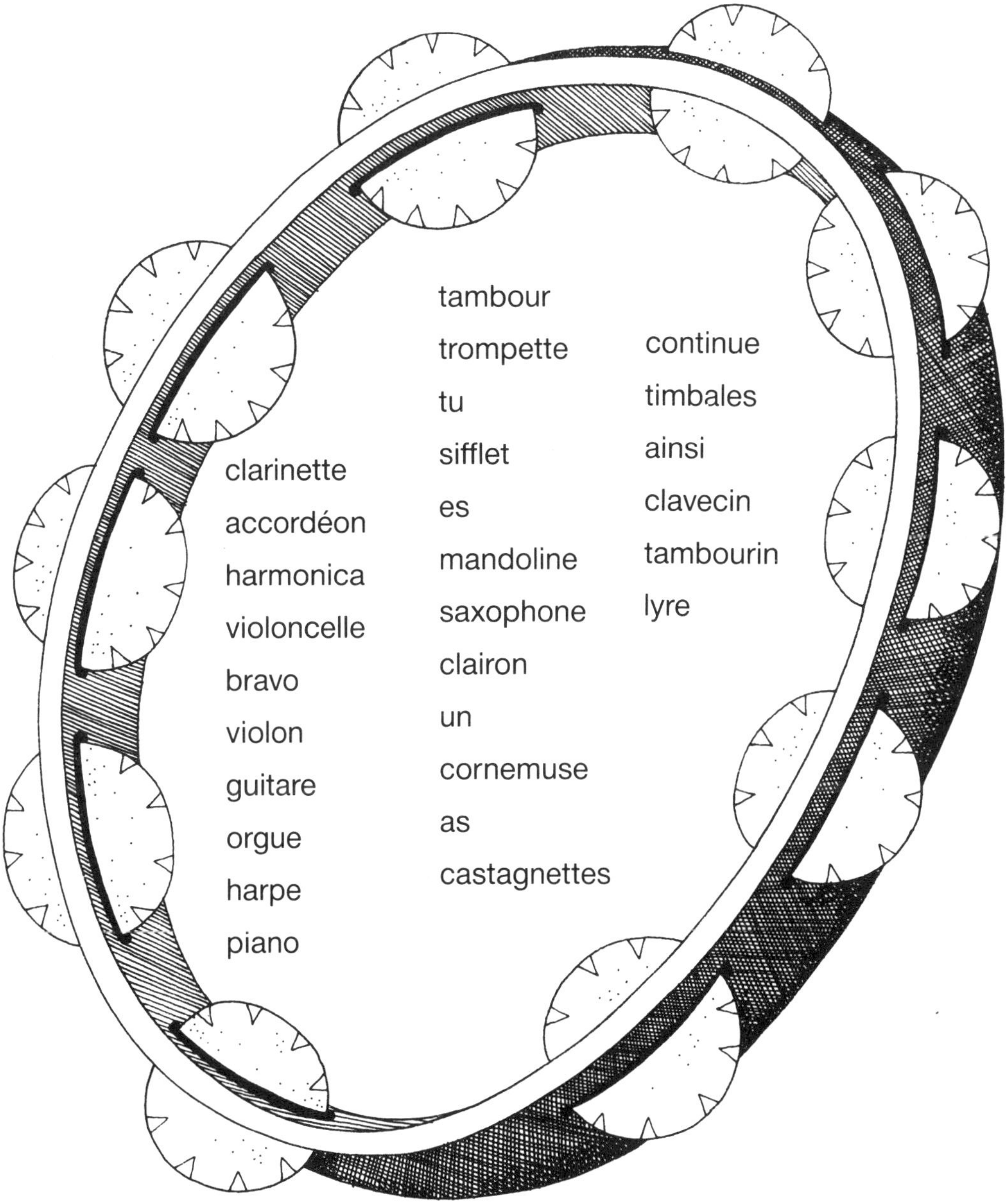

clarinette
accordéon
harmonica
violoncelle
bravo
violon
guitare
orgue
harpe
piano

tambour
trompette
tu
sifflet
es
mandoline
saxophone
clairon
un
cornemuse
as
castagnettes

continue
timbales
ainsi
clavecin
tambourin
lyre

Objectif: reconnaître les familles de mots.

Les haltères

Donne la moitié ou le double du nombre proposé dans chaque haltère.
Regarde les exemples.

Objectif: apprendre à multiplier et à diviser graduellement.

Petits jeux avec les mots

Pour compléter les séries, choisis entre ces quatre possibilités: -ain; -eau; -alle; -ou.

_ _ _	_ _	_ _ _	_ _ _ _
un p _ _ _	un c _ _	b _ _ _	une m _ _ _ _
un n _ _ _	un s _ _	un s _ _ _	une b _ _ _ _
un b _ _ _	m _ _	un v _ _ _	une s _ _ _ _
une m _ _ _	un p _ _	une p _ _ _	une d _ _ _ _

Les lettres de ces mots que tu connais bien sont mélangées. Retrouve le bon ordre.

lcuac: .... éirerc: .... memgo: ....

hieacr: .... sytol: .... derfa: ....

yorcna: .... ttael: .... iverl: ....

Retrouve les noms de rongeurs qui sont cachés dans ce mystérieux rectangle.

M	E	C	U	R	E	U	I	L	S	O	L	P
O	L	A	P	I	N	V	B	L	O	I	R	M
A	R	S	I	P	H	N	T	A	U	P	E	I
J	K	T	U	F	R	Q	Z	A	R	A	T	Y
P	C	O	B	A	Y	E	Z	D	I	B	J	L
P	M	R	D	F	G	H	J	K	S	L	M	C

Objectif: exercice de vocabulaire créatif.

Le passé composé

Voici le récit des vacances de Jean. Mets ce texte au passé composé. Attention, il faut que les phrases gardent leur sens.

Dès les premiers jours de vacances, Jean part avec ses parents dans un camp. Ils plantent leur tente et font connaissance avec leurs voisins. Jean rencontre de nouveaux amis. Ensemble, ils jouent dans le parc d'attractions. Tous les jours, ils se promènent ou vont nager dans le lac qui se trouve au pied du camp. Ils s'amusent comme des petits fous et Jean passe là des vacances magnifiques. A son retour, il écrira de longues lettres à ses nouveaux amis.

....

....

....

....

....

....

....

....

....

Ecris une courte lettre à un ami où tu lui racontes tes dernières vacances.

....

....

....

....

Objectif: employer le passé composé et s'initier à la rédaction.

Le parc d'attractions

123 Ecris les nombres manquants dans l'échelle de corde.

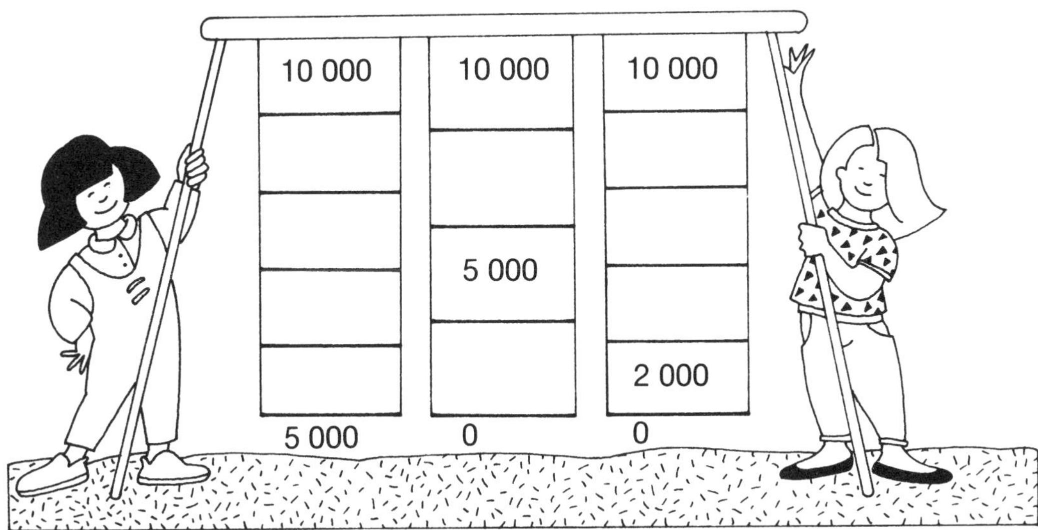

123 Range les nombres du plus petit au plus grand.

9 000 15 000 56 000 24 000 13 000 21 000

....

123 Ecris les nombres manquants dans les balançoires.

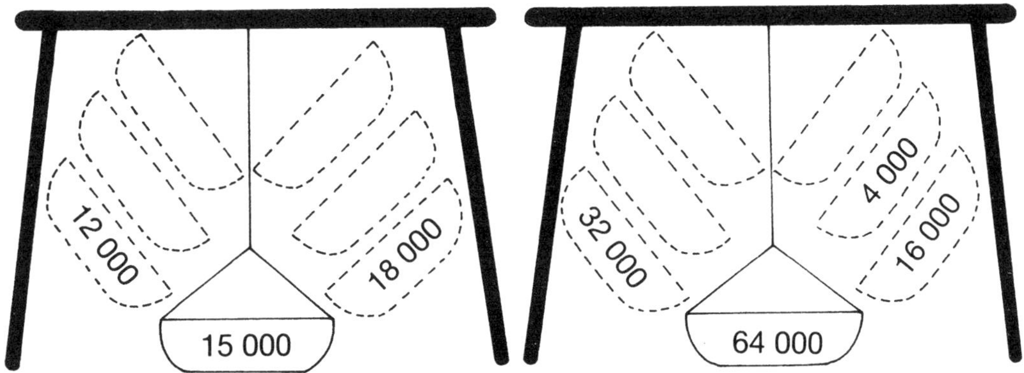

Objectif: exercice d'association de nombres.

Les terminaisons de mots

Complète chaque mot par sa terminaison correcte. Si tu hésites, consulte le dictionnaire.

-in/-ain/- ein/

le jard .... dem .... le pétr ....
le coqu .... le s .... le r ....
le refr .... s .... le pép ....
le lut .... l'eng .... le l ....

-eau/-ot/-o/

le vél .... le s .... le sab ....
le niv .... s .... le micr ....
le maill .... le sc .... le tric ....
le paqueb .... le rob .... le p ....

-oir/-oire

l'arm .... le dress .... le man ....
le mir .... le parl .... le press ....
la patin .... la mâch .... le tir ....
le coul .... le territ .... la balanç ....

-eille/-eil

la corb .... verm .... l'or ....
le somm .... l'ort .... la bout ....
la corn .... le cons .... le sol ....
par .... le rév .... la v ....
l'ab .... vi .... l'év ....

ain eau ein ot in o oir oire eille eil

Objectif: connaître les terminaisons des mots.

Les angles et les ensembles

Combien d'angles compte chaque figure géométrique?
Indique le nombre sur les pointillés.

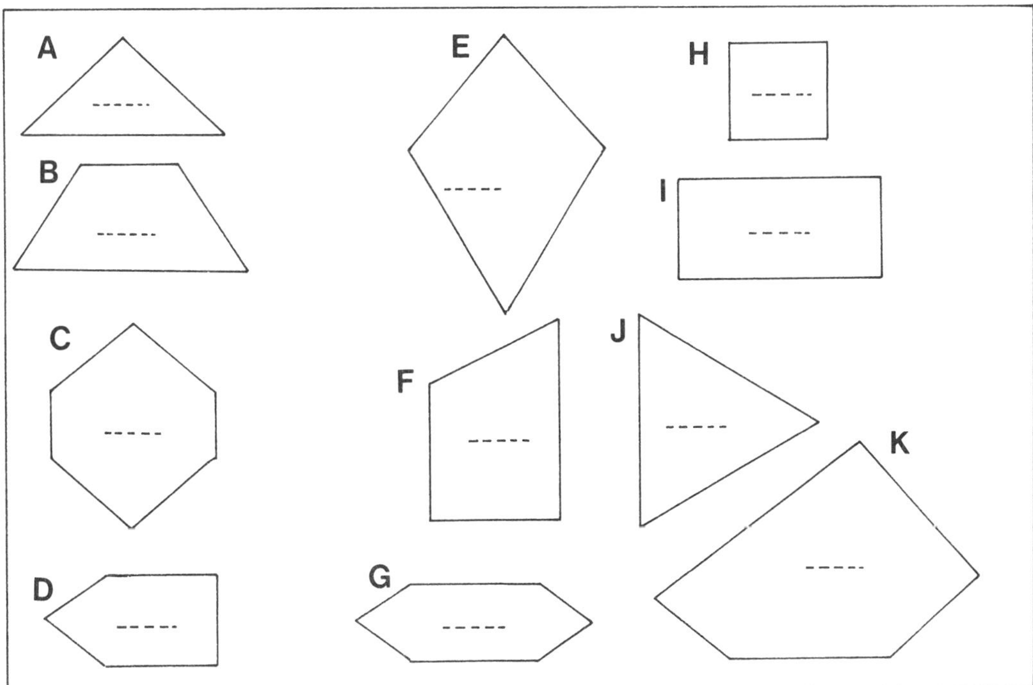

Place ces figures dans l'ensemble correct.

L = {les formes à 3 angles}
M = {les formes à 4 angles}
N = {les formes à 5 angles}
0 = {les formes à 6 angles}

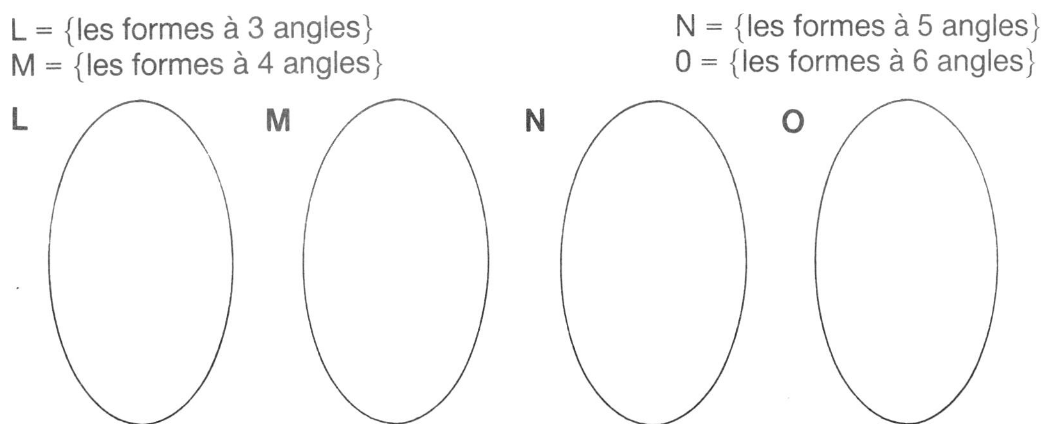

Objectif: apprendre à distinguer des formes géométriques et à compléter des diagrammes.

Le complément direct

Complète ces petites phrases par un groupe complément direct en t'inspirant des dessins.

Est-ce que tu vois ces deux enfants?

Anne tient .... en main.

Elle donne .... à son amie.

Anne porte un joli ....

Julie, son amie, n'a pas ....

Elle remercie ....

Est-ce que tu vois le .... ?

Il porte .... sur son veston.

Il tient .... en mains.

Il va couper ....

La dame porte .... sur la tête.

Il prononce ....

Est-ce que tu vois .... ?

Il regarde ....

Il a chaussé ....

Il peut commencer la ....

Bien sûr, il n'a pas ....

Il tient .... en main.

Est-ce que tu vois le .... ?

Il n'a pas réveillé ....

Il a pris tous ....

Il tient .... en main.

Un foulard cache ....

Il passe par la ....

Objectif: exercice de restitution d'un groupe complément direct.

Jouer avec les nombres décimaux

+ − : ×

Résous les opérations se trouvant dans chaque dessin.

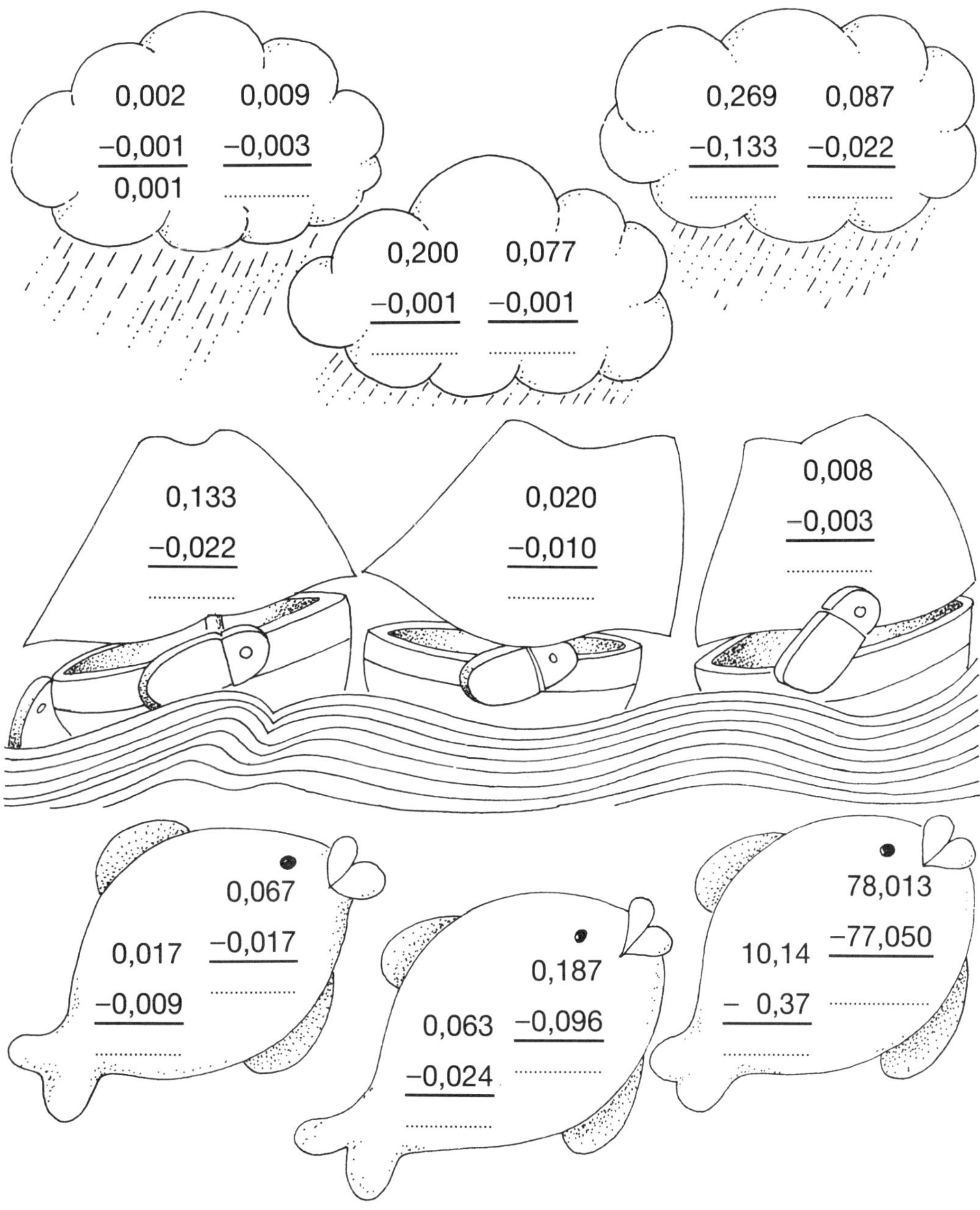

Objectif: effectuer des opérations avec des nombres décimaux.

Les formes composées de la conjugaison

Souligne le verbe principal dans chacune de ces phrases.

Pendant longtemps, les rats ont infesté une ville. Un jour, un magicien est arrivé. Il a sorti sa flûte magique et a réussi à attirer les rats dans la rivière où ils se sont noyés. Le maire refusa de donner au magicien la récompense promise, et les enfants se sont moqué de lui. Alors, le magicien s'est mis à jouer d'une autre flûte, et les enfants l'ont suivi. Il les a entraînés dans une grotte qui s'est refermée après leur passage.

Transforme les phrases ci-dessous en questions.

Il avait mangé absolument toutes les sucreries.

....

Elle n'a plus jamais été distraite en classe.

....

Jamais je n'avais imaginé une telle splendeur.

....

Tu as pu trouver tes jouets dans ta chambre.

....

Vous n'avez pas fini de ranger tous vos jeux.

....

Objectif: reconnaître et employer les formes composées du verbe.

Les boîtes vides

Résous les multiplications ci-dessous. Ecris les produits sur les pointillés. Effectue la somme de ces produits.

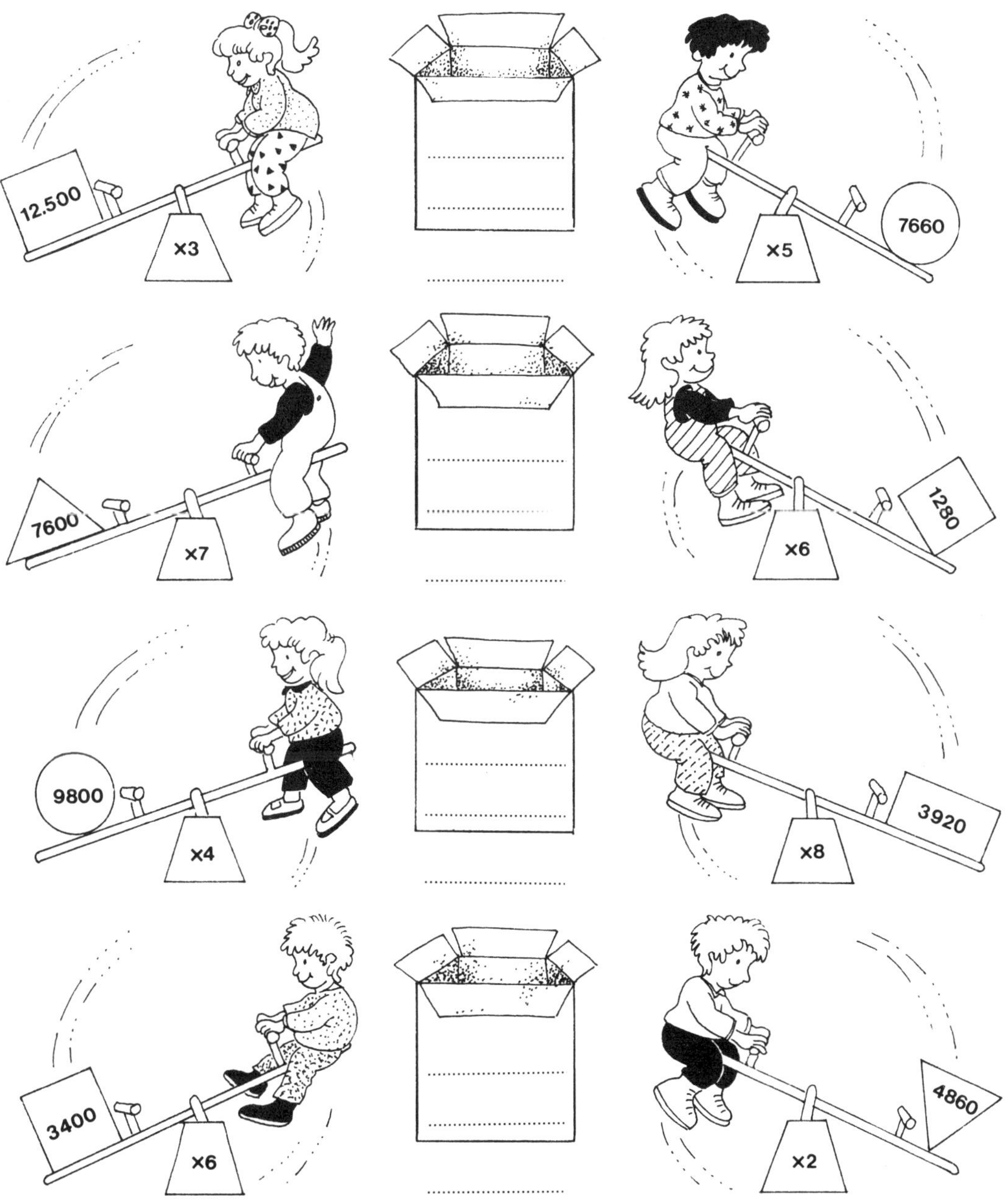

Objectif: s'exercer à la multiplication et à l'addition.

Les fleurs

Retrouve les mots écrits au centre des fleurs. Les trois premières lettres sont indiquées ci-dessous.

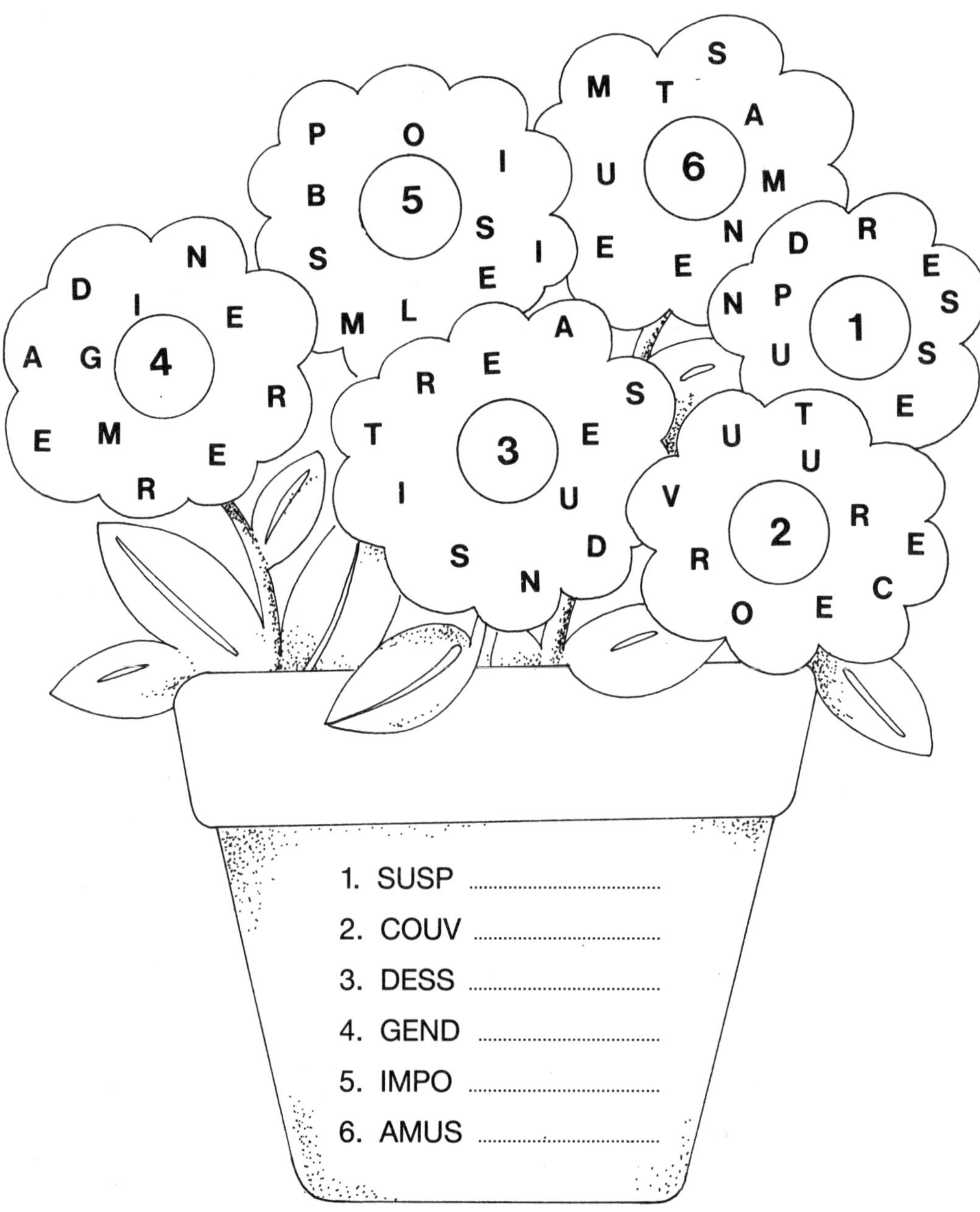

Objectif: enrichir le vocabulaire.

A la piscine

Mesure la surface de la piscine.

La formule permettant de connaître la surface d'un carré est:

....

L'opération est donc: ....

Indique la surface des parties coloriées en sombre.
Ecris la réponse sur les pointillés.

....

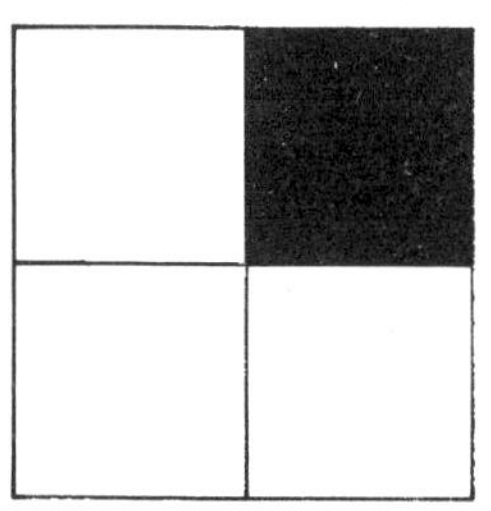

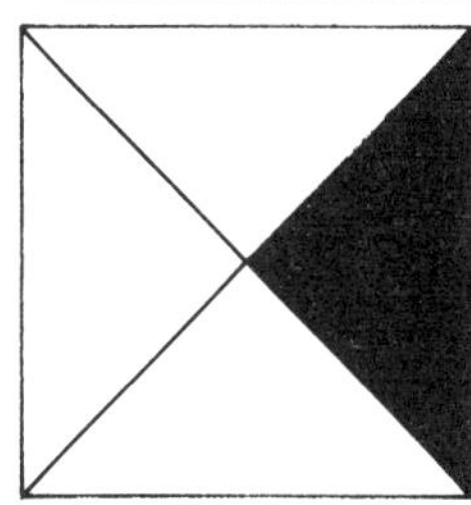

....

Objectif: mesurer les surfaces.

Au secours

Relie les mots à leur bonne terminaison.

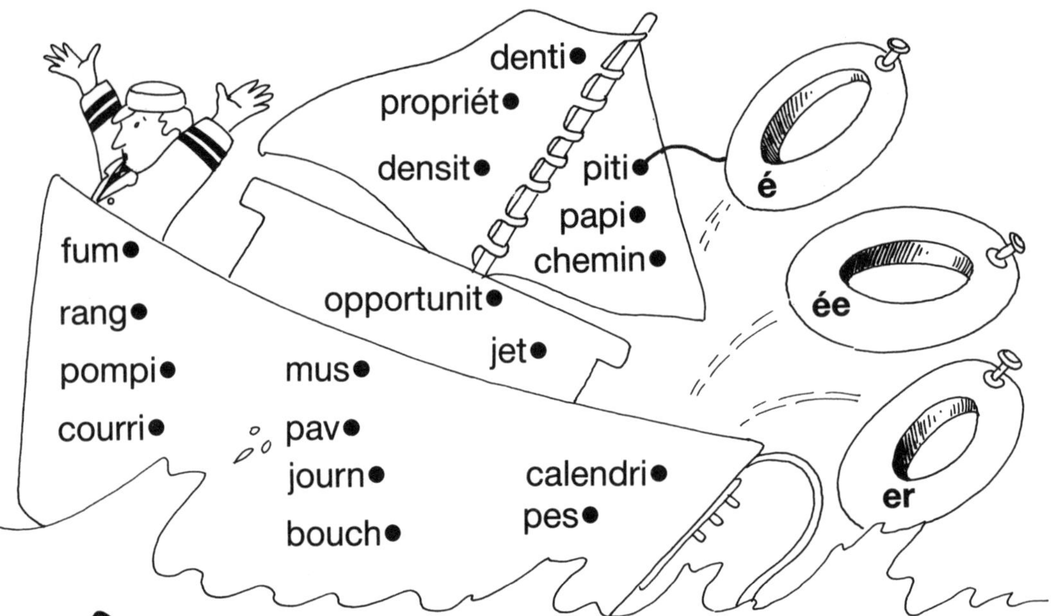

Ecris la dernière lettre de ces mots.
Tu as le choix entre d, t, c, s, b, p.

alleman.....	gan.....	sau.....
arden.....	gourman.....	puit.....
bienfai.....	hasar.....	pui.....
cano.....	plom.....	ving.....
dar.....	réci.....	verni.....
égar.....	propo.....	tar.....
flan.....	minui.....	vagabon.....
flo.....	tor.....	toi.....
débarra.....	succè.....	escargo.....
cou.....	concer.....	crapau.....

Objectif: connaître les lettres finales des mots.

Tourne avec méthode

Ces figures peuvent tourner sur elles-mêmes dans les deux sens.
Continue les séries toi-même.

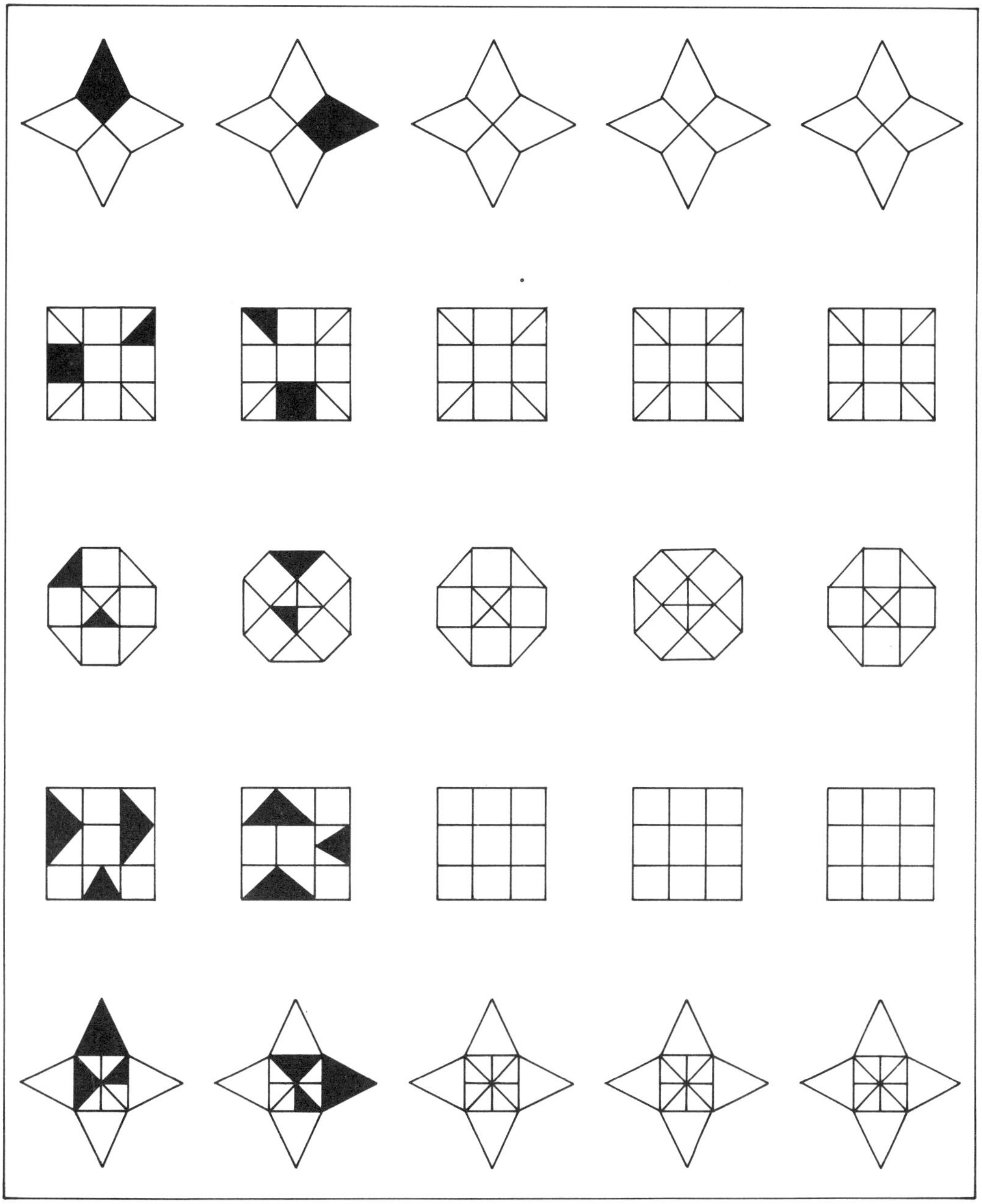

Objectif: exercice de logique.

Les contraires

Voici des adjectifs. Trouve leur contraire en ajoutant un préfixe.
Lis attentivement l'exemple. Au besoin, consulte un dictionnaire.

possible	impossible
certain	....
prévisible	....
parfait	....
défini	....
cohérent	....
facile	....
patient	....
suffisant	....
juste	....
vraisemblable	....

Fais des phrases de sens différents avec chacun de ces mots.

Rose ....

....

Groupe ....

....

Histoire ....

....

Passé ....

....

Chef ....

....

Objectif: enrichir le vocabulaire par la formation de contraires et en différenciant les significations des mots.

La division

Effectue les divisions suivantes. Nous avons commencé la première.

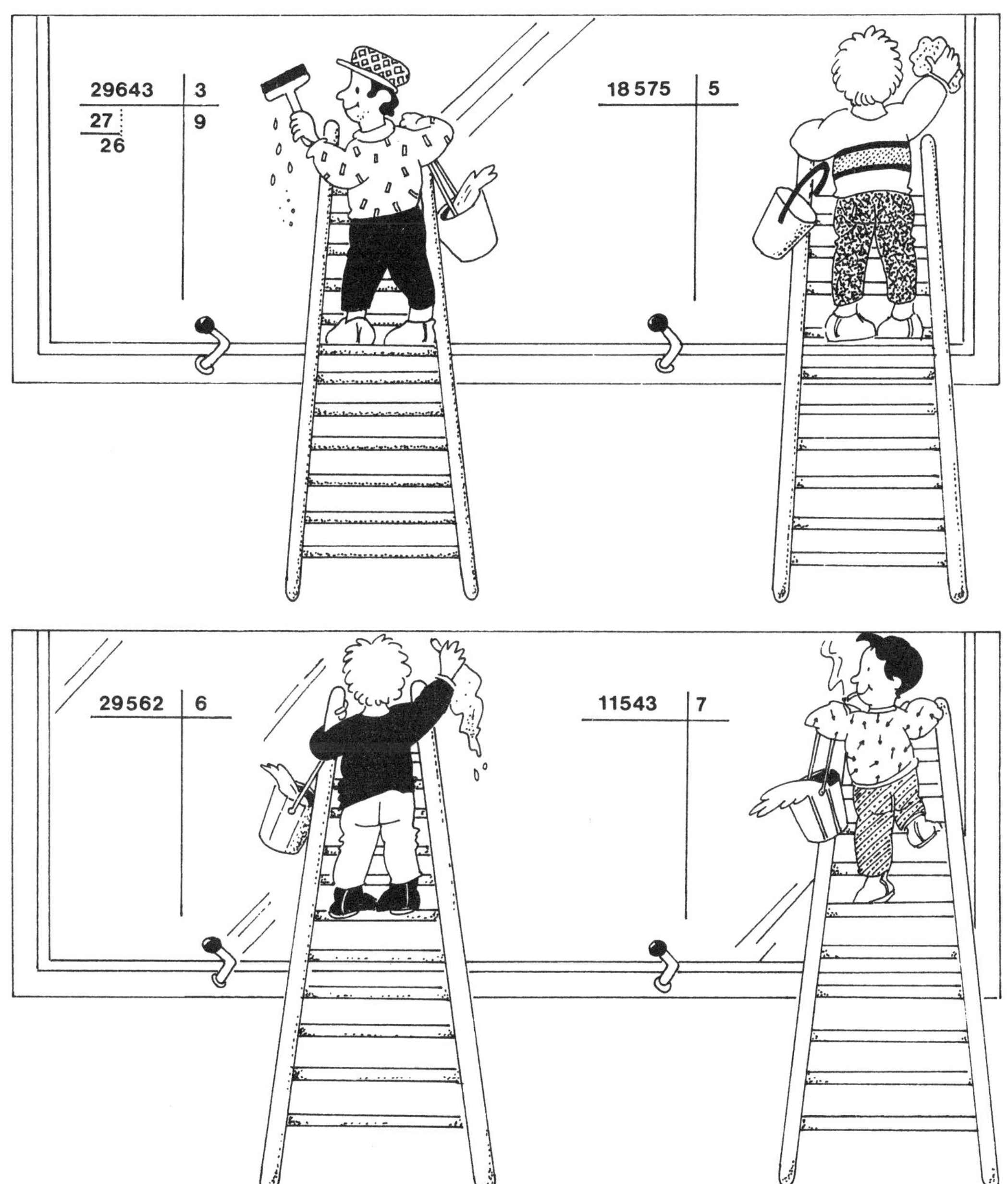

Objectif: s'exercer à diviser.

Une communication téléphonique

Voici une communication téléphonique entre Marc et Jean.
Peux-tu deviner ce que dit Jean?

Marc: Bonjour Jean, comment vas-tu aujourd'hui?

Jean: ....

Marc: As-tu envie d'aller nager cet après-midi?

Jean: ....

Marc: Tu auras encore le temps de les faire en revenant.

Jean: ....

Marc: Tu peux emprunter celui de ton frère! Il ne dira rien.

Jean: ....

Marc: Il ne te faut pas autant de temps pour prendre tes affaires. Dépêche-toi un peu! Nous allons être en retard.

Jean: ....

Maintenant, réponds aux questions suivantes:

Où rechercher un numéro de téléphone? ....

Que doit-on savoir pour trouver le numéro de quelqu'un? ....

....

Ecris ci-dessous les numéros de téléphone de tes meilleurs amis.

....

Objectif: compléter un dialogue et chercher des informations dans un annuaire téléphonique.

Le match

 Lis attentivement les instructions ainsi que le contenu des ensembles.

David (d), Bernard (b), Marc (m), Lucie (l), Eric (e), William (w) et Jérôme (j) assistent à un match de football.

B = {les enfants ayant un klaxon}

C = {les enfants ayant un drapeau}

D = {les enfants ayant un bonnet}

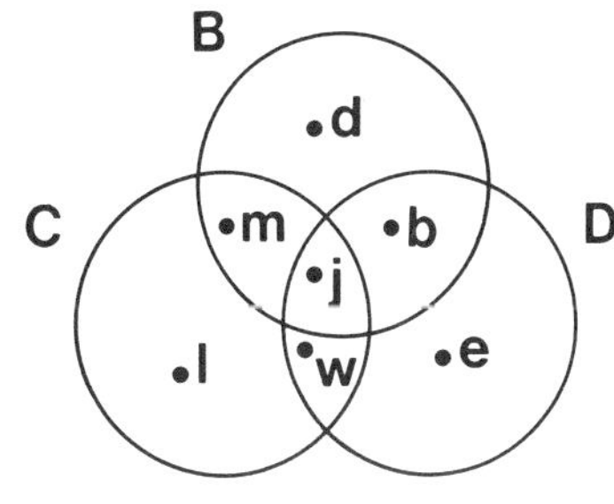

 Réponds à ces questions.

Que sais-tu de David? ....

Que sais-tu de Bernard? ....

Que sais-tu de Marc? ....

Que sais-tu de Lucie? ....

Que sais-tu d'Eric? ....

Que sais-tu de William? ....

Que sais-tu de Jérôme? ....

Qui porte seulement un bonnet? ....

Qui a un bonnet et un drapeau? ....

Objectif: exercice sur les ensembles.

Une jolie histoire

Trouve un titre pour cette petite histoire.
Note ensuite les mots qui résument le mieux le récit.

Sylvain avait un petit renard qui restait à la maison. Un jour, il s'échappa et rejoignit Sylvain à l'école. Il a bondi par la fenêtre pendant la leçon. Les enfants ont poussé des cris de joie et lui ont donné des friandises.

Raconte une histoire. Le thème se trouve dans le grand coffre.
Utilise les mots inscrits dans les coffrets.

eau

mer ? port

pont marin

voyage en bateau

capitaine

Objectif: dégager les idées principales d'un texte et inventer une histoire à partir d'un thème donné.

Les sèche-linge

+− :× Effectue les soustractions indiquées sur les vêtements suspendus aux sèche-linge. Ecris le total dans la manne.

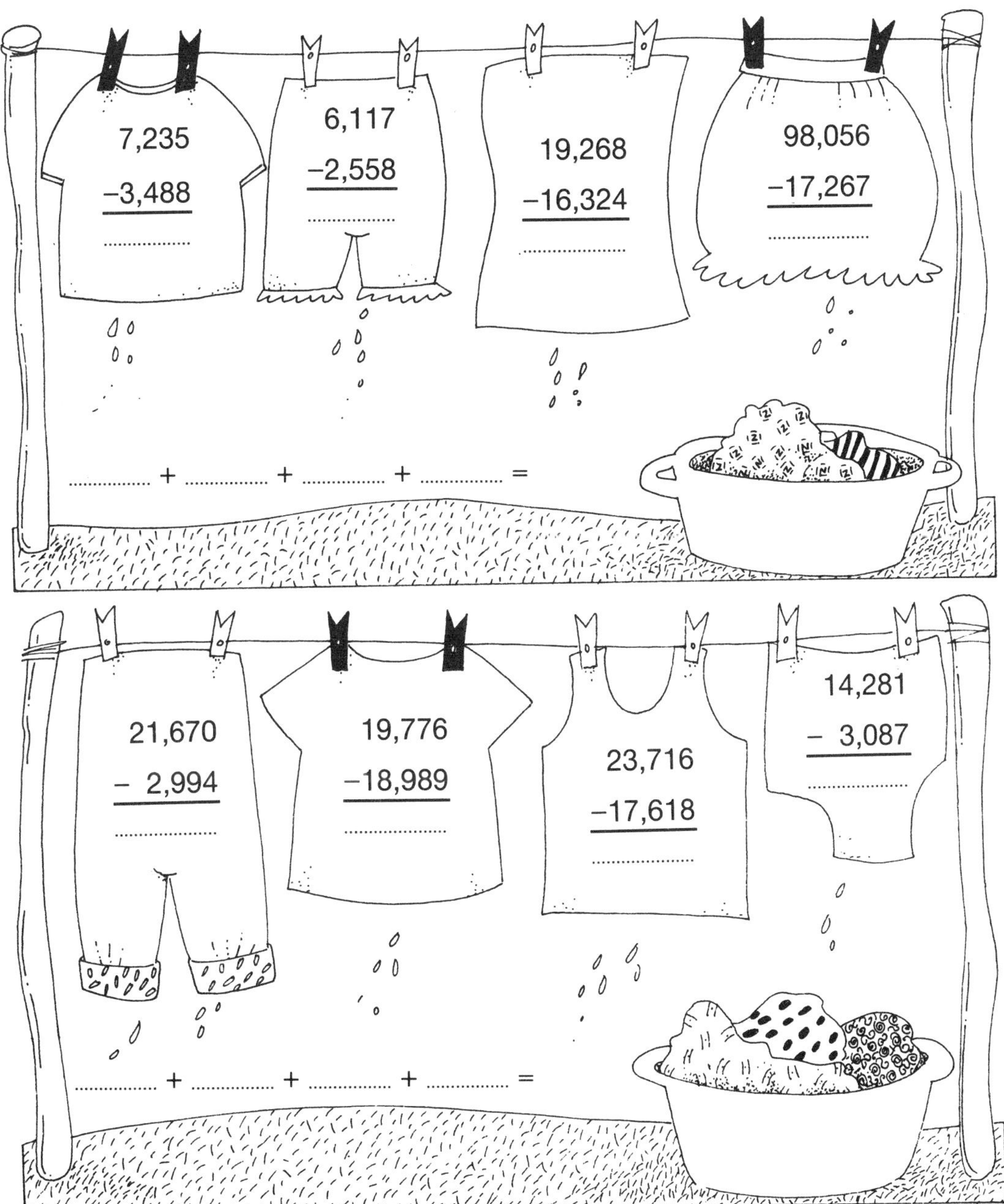

Objectif: compter en nombres décimaux.

Les groupes de mots

Distingue les groupes de mots à l'intérieur de ces phrases. Souligne également les verbes. Attention aux formes verbales composées.

Le singe / bondit / de toit en toit / avec beaucoup de légèreté.

Les enfants / ont montré / leurs ballons rouges.

Anne prépare un immense gâteau pour l'anniversaire de sa mère.

Le bourgmestre s'est coupé le doigt lors de l'inauguration.

Malgré tout, le maître avait peur du petit renard.

Ensuite, le clown a poussé son ami dans l'eau.

Au cirque, les phoques font de nouveaux tours devant le public.

Personne ne croyait qu'il y avait un singe dans le bois.

On peut voir deux perroquets tout en haut des arbres.

Le soir, au bord du précipice, un danger menaçait le héros.

Soudain, la bête sortit en un bond hors de sa tanière.

Il a tout fait pour éviter le coup mortel.

Sais-tu comment il a pris la fuite la dernière fois?

Il s'est transformé en oiseau en un coup de baguette magique.

Lis attentivement ces quatre phrases et invente d'autres phrases comportant les mêmes compléments.

Le renard a traversé la place du village à toute allure.

....

Les gendarmes étaient ahuris par un tel spectacle.

....

Les habitants ont bien ri quand ils ont entendu cela.

....

Pourquoi n'irions-nous pas au cirque demain soir?

....

Objectif: apprendre à connaître les groupes de mots.

Une partie de la totalité

123 Quelle proportion prend la partie coloriée en noir dans l'ensemble? Regarde l'exemple.

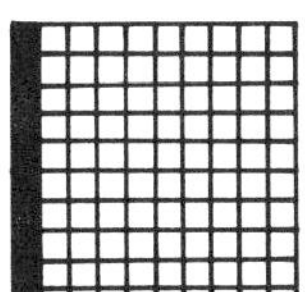

$\frac{10}{100} = \frac{1}{10} = 0,1$

$\frac{\cdot}{100} = \frac{\cdot}{10} =$ ......

$\frac{\cdot}{100} =$ ......

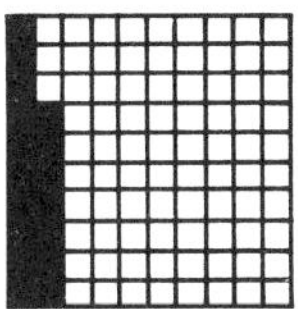

$\frac{\cdot}{100} =$ ......

$\frac{\cdot}{100} = \frac{\cdot}{10} =$ ......

$\frac{\cdot}{100} =$ ......

$\frac{\cdot}{100} = \frac{\cdot}{10} =$ ......

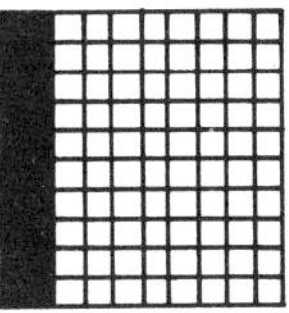

$\frac{\cdot}{100} =$ ......

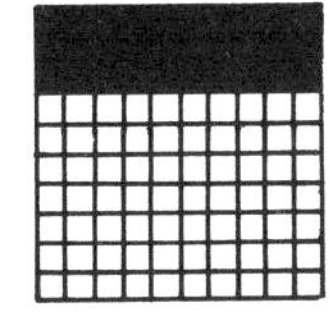

$\frac{\cdot}{100} = \frac{\cdot}{10} =$ ......

$\frac{\cdot}{100} =$ ......

$\frac{\cdot}{100} =$ ......

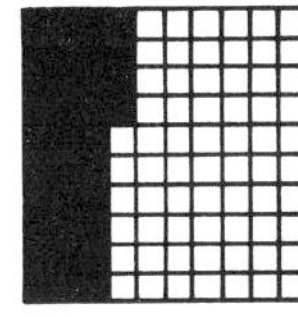

$\frac{\cdot}{100} =$ ......

123 Colorie en noir la partie indiquée.

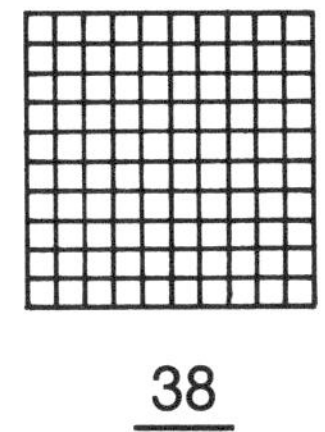

$\frac{38}{100}$

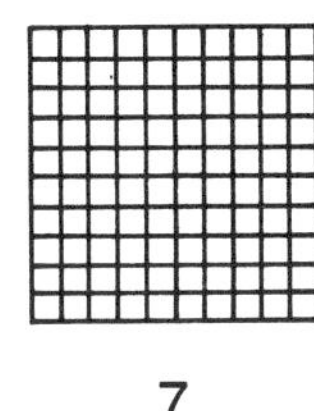

$\frac{7}{10}$

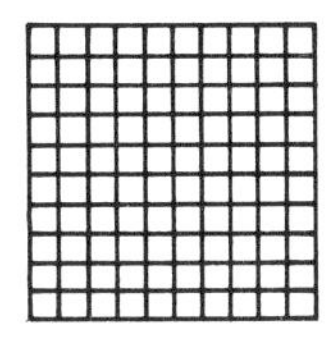

$\frac{2}{10}$

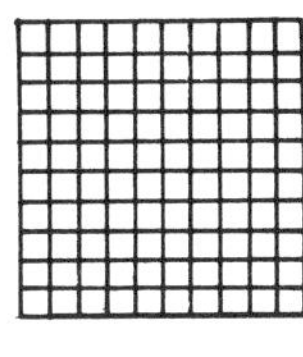

$\frac{12}{100}$

Objectif: exercices sur les fractions.

Sois original

Avec les deux mots encadrés, forme une phrase originale.

Julie tricote un beau pull.

Voiture
Clefs

....

Arbres
Bois

....

Livres
Bibliothèque

....

Mots
Dictionnaire

....

Cheval
Ecurie

....

Lapin
Terrier

....

Objectif: apprendre à former des phrases avec des mots donnés.

Le sirtaki

Effectue les opérations suivantes.

Objectif: exercices sur l'addition, la soustraction et la multiplication.

On change

Transforme ces phrases en questions.
Attention aux changements que cela entraîne.

Bernard donnait des graines aux oiseaux.

Athènes est la capitale de la Grèce.

Clovis a fait prospérer la nation francque.

Un vieil hippopotame nous regarda étonné.

La nuit, le chat rôde dans le hangar.

Un hibou passe très vite devant nous.

Transforme ces phrases
en phrases négatives.

Le midi, ils parcouraient la campagne.

Elle m'a raconté une histoire amusante.

Le fauve a cessé de faire peur aux passants.

Notre chien avait pris trois lièvres.

Comment peux-tu donner ce beau jouet?

Objectif: apprendre à former des phrases interrogatives et négatives.

Le puzzle chiffré

Résous ce puzzle chiffré. Ecris les réponses dans la grille.

Horizontalement

1. Un an compte .... jours / Une douzaine.
2. Bis = ... fois / 4 × 662 = ...
3. Un an et 4 semaines = ... semaines / Deux jours et 6 heures .... heures.
4. Les 4 premiers nombres pairs / Le plus grand nombre en un chiffre.
5. 3,416 kg = ... g
6. 2468 – 34 = ...

Verticalement

1. 32,52 l = ... cl / un duo = ...
2. Deux trios = ... / 256 : 4 = ... / Un quattuor = ...
3. Un an compte .... semaines / 1266 : 2 = ...
4. 16461 × 4 = ...
5. Douze fois une douzaine = ... / ...., 2, 3, 4, 5
6. Quatre semaines = ... jours / 107 × 9 = ...

Ecris autrement les appellations ci-dessous.

un trimestre = ... mois

deux semestres = ... mois

3 années bisextiles = ... jours

4 ans = ... mois

20 semaines = ... jours

2 quattuors = ... duos

6 duos = ... quattuors

2 litres = ... cl

6 duos = ... trios

11 ares = ... m^2

Objectif: connaître les nombres et les appellations numériques.

Les proverbes

Relie chaque proverbe à la signification qui lui correspond.

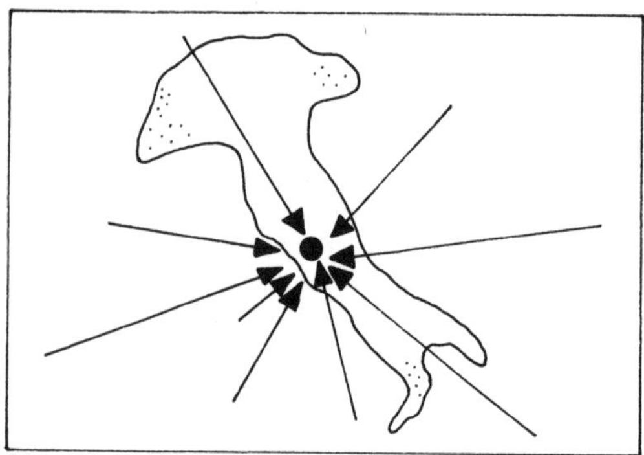

Proverbe	Signification
L'air ne fait pas la chanson. *	* Le plus souvent, le fils ressemble à son père.
Une hirondelle ne fait pas le printemps. *	* L'exercice rend habile.
C'est en forgeant qu'on devient forgeron. *	* Ne pas dire non, c'est dire oui
Avec des "si", on met Paris en bouteille. *	* Le début est le plus dur.
Tous les chemins mènent à Rome. *	* Apparence n'est pas réalité.
L'habit ne fait pas le moine. *	* Beaucoup de moyens conduisent au même but.
Il n'y a que le premier pas qui coûte. *	* Avec des hypothèses, tout devient possible.
Un homme averti en vaut deux. *	* On ne peut rien conclure d'un seul fait.
Qui ne dit mot consent. *	* On ne doit pas juger les gens sur leur apparence.
Tel père, tel fils. *	* Un homme prévenu du danger redouble de prudence.

Objectif: connaître la signification de proverbes.

Chute libre

Effectue ces divisions. Regarde d'abord l'exemple.

Objectif: apprendre à résoudre des divisions.

Les objets

En quelle matière sont faits ces objets?
Les connais-tu vraiment?

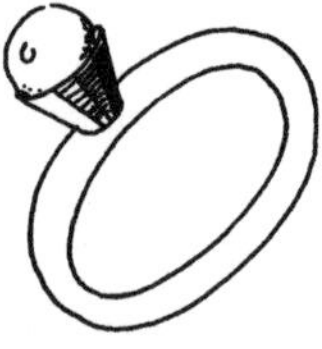

bague

chaussure

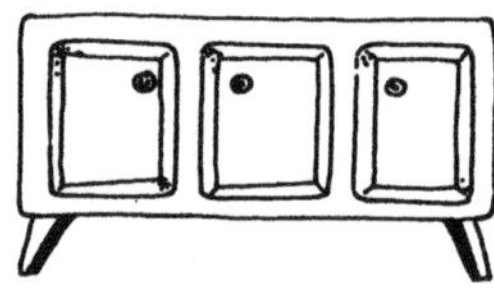

armoire

un bureau en bois

un portefeuille en ....

une pièce en ....

une chaise en ....

un soulier en ....

un sac en ....

un bracelet en ....

une poutre en ....

une couronne en ....

une chaîne en ....

une lanière en ....

une porte en ....

un collier en ....

un chapeau en ....

une charpente en ....

des pendentifs en ....

une table en ....

une statuette en ....

Trouve l'origine de ces différentes matières.
Au besoin, consulte un dictionnaire.

l'or est extrait d'une mine

le bois: ....

le papier: ....

le fer: ....

le cuir: ....

le chêne: ....

le pain: ....

le carton: ....

le charbon: ....

l'essence: ....

l'huile: ....

la pierre: ....

la poterie: ....

la brique: ....

la laine: ....

la tuile: ....

Objectif: comprendre la notion de matière.

Compter les points

Peux-tu aider le professeur à compter les points de la classe?

Les élèves ont reçu leur copie. Voici leur résultat.
Pierre et trois autres garçons ont fait 3 fautes.
Quatre garçons et une fille ont fait 6 fautes.
Anne et Véronique n'ont fait que 2 fautes.
Comme toujours, Sylvie n'a pas fait de faute.
Compte la moyenne de la classe sur 10 points.
On enlève un point par faute.

Opération et réponse: ....

....

....

Regarde le tableau ci-dessous. Calcule la température moyenne au matin et à midi.

	8 h.	12 h.
lundi	12°	15°
mardi	16°	25°
mercredi	13°	20°
jeudi	11°	19°
vendredi	10°	18°
samedi	12°	24°
dimanche	15°	28°

Calcul:

....

....

....

....

La température moyenne au matin: ....

La température moyenne à midi: ....

Objectif: apprendre à calculer une moyenne.

Au supermarché

Regarde ces dessins et trouve une histoire amusante qui peut leur correspondre.

....

....

....

....

....

....

....

....

....

Objectif: apprendre à rédiger une histoire.

Des sommes sur un parchemin

Dans le grenier de grand-père, on trouve un parchemin où sont écrites différentes opérations. Peux-tu les résoudre?

816,79 + 615,837 = ...	675,385 + 67,53 = ...	420,357 + 218,652 = ...
218,513 + 7,62 = ...	62,718 + 335,133 = ...	917,560 + 38,51 = ...
716,18 + 76,59 = ...	119,227 + 86,816 = ...	17,67 + 13,24 = ...
125,630 + 40,410 = ...	108,720 + 8,69 = ...	978,37 + 20,2 = ...
569,23 + 318,15 = ...	634,16 + 33,49 = ...	

Objectif: calculer en nombres décimaux.

Dérivation

Trouve le mot en rapport avec chacun des verbes proposés.
Observe les exemples.

travailler	travail
décider	décision
ouvrir	....
habiter	....
avertir	....
souhaiter	....
enseigner	....
résoudre	....
prouver	....
rédiger	....
parfaire	....

Maintenant, trouve le verbe en rapport avec les mots proposés.
Aide-toi d'un dictionnaire, si tu hésites.

distinction	distinguer
peinture	....
liberté	....
départ	....
jeu	....
fin	....
descente	....
privilège	....
prison	....
hiver	....
dépôt	....

Objectif: établir des liens entre des mots d'une même famille.

Joue à Monsieur Météo

 Si tu insères les données ci-dessous dans le tableau, tu pourras jouer toi-même à Monsieur Météo.

Ce mois-ci, mesure la température chaque jour, note la direction du vent, ou s'il fait couvert, pluvieux, s'il y a du brouillard, une tempête ou du soleil etc...

Ainsi, tu auras un aperçu du temps du mois écoulé. Attention, mesure ces données chaque jour à la même heure.

	1	2	3	4	5	6	7	8	9	10	11	12	13	14	15	16	17	18	19	20	21	22	23	24	25	26	27	28	29	30	31
35°																															
30°																															
25°																															
20°																															
15°																															
10°																															
5°																															
0°																															
−5°																															
−10°																															
N																															
N-O																															
O																															
S-O																															
S																															
S-E																															
E																															
N-E																															
ensoleillé																															
couvert																															
pluvieux																															
brouillard																															
grêle																															
neige																															
tempête																															

Objectif: apprendre à reproduire des données sur un graphique.

Imagine

Ecris ce à quoi te fait penser chaque dessin.
Regarde l'exemple.

verger ....

nature ....

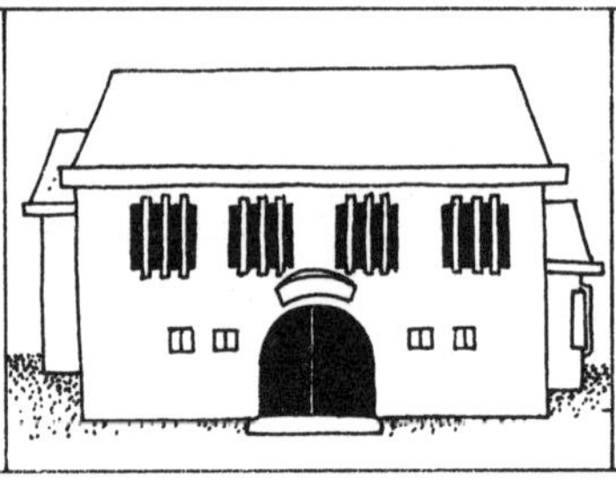

....

....

....

....

Objectif: chercher des idées à partir d'un mot.

Du plus petit au plus grand.

123 Réduis ces fractions au même dénominateur et range-les de la plus petite à la plus grande dans ces poupées.

$\frac{18}{4}$ $\frac{7}{2}$ $\frac{22}{4}$ $\frac{15}{5}$ $\frac{8}{10}$ ....

$\frac{20}{5}$ $\frac{18}{2}$ $\frac{21}{4}$ $\frac{6}{5}$ $\frac{10}{10}$ ....

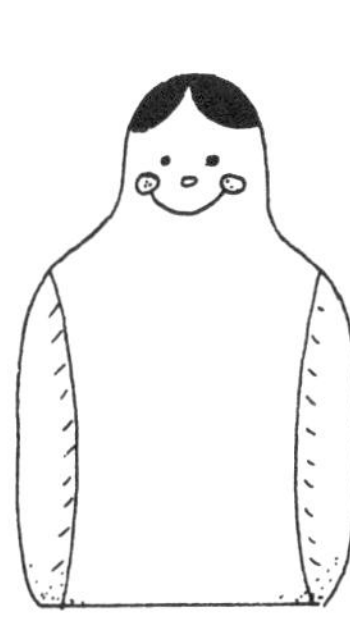

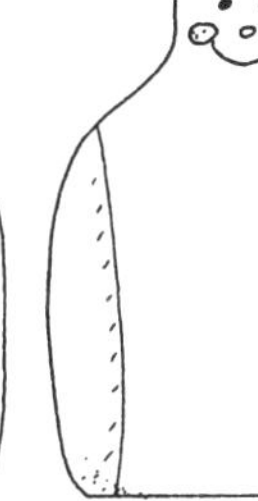

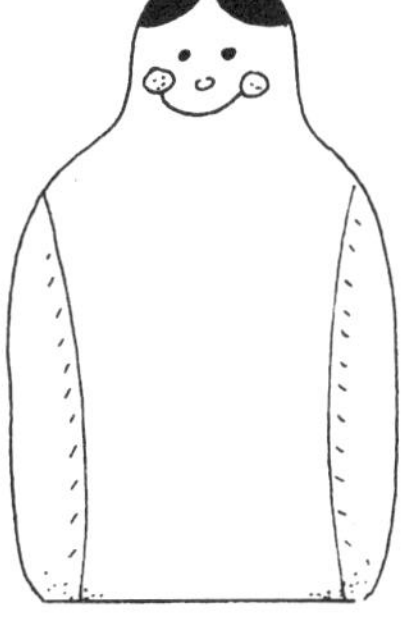

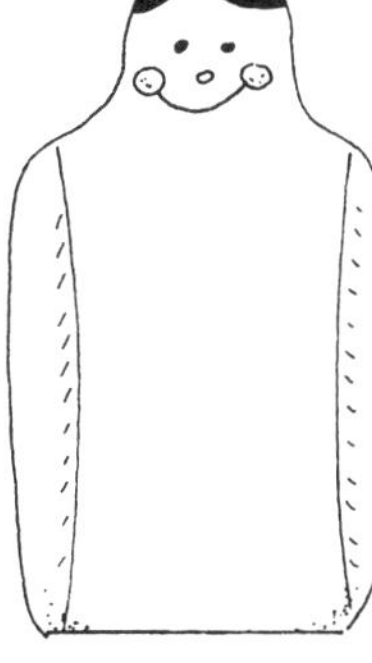

123 Résous les exercices suivants.

$\frac{10}{3} : 10 =$ .... $\frac{8}{6} + \frac{2}{6} =$ .... $\frac{1}{8} \times 128 =$ ....

$\frac{4}{3} \times 7 =$ .... $\frac{9}{8} : 3 =$ .... $\frac{1}{4} \times 640 =$ ....

$\frac{12}{4} \times 8 =$ .... $\frac{21}{3} : 7 =$ .... $\frac{1}{8} \times 160 =$ ....

Objectif: s'exercer aux fractions.

Un livre amusant

Prends un livre amusant que tu as lu récemment et fournis les renseignements qui te sont demandés.

Titre: ....

Auteur(s): ....

Editeur: ....

Année d'édition: ....

Personnage principal: ....

Autres personnages: ....

Nombre de chapitres: ....

Nombre de pages: ....

Donne le contenu de ce livre en quelques mots.

....

....

....

....

....

....

....

Pourquoi trouves-tu ce livre amusant?

....

....

....

....

....

....

Objectif: apprendre à parler d'un livre.

Les jeux de miroir

Dessine ces figures dans un miroir. Nous te mettons sur la voie.

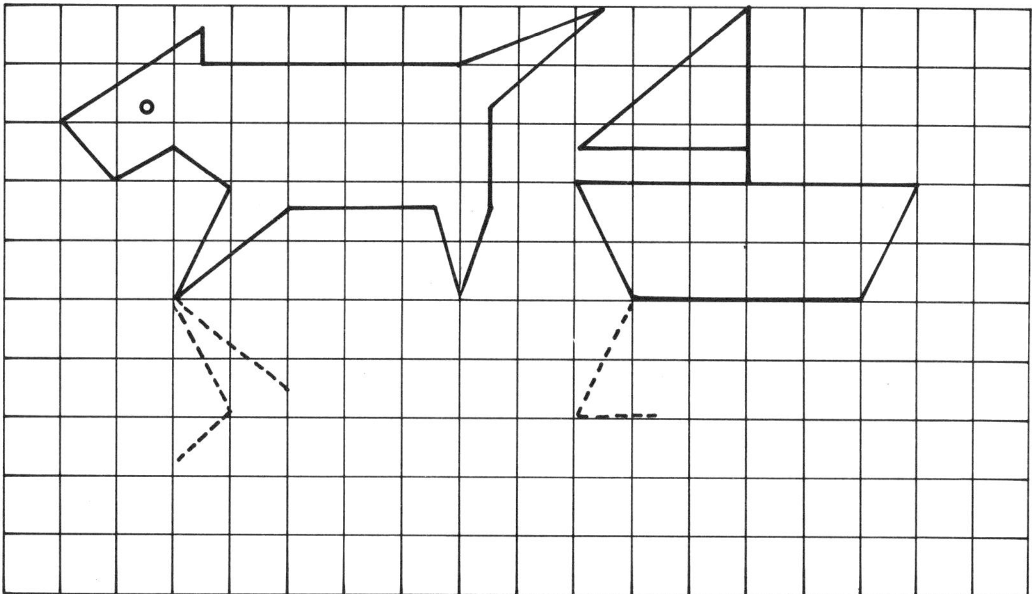

Objectif: maîtrise du dessin au miroir.

Inversion de compléments

Complète les phrases se trouvant à côté des dessins. Attention, parfois on inverse le sujet et le verbe. Regarde l'exemple.

Devant la maison se trouve un arbre.

A côté de la maison, on voit un jardin.

Dans la maison, maman prépare le repas.

Derrière la maison coule un ruisseau.

Devant ....

A côté ....

Dans ....

Derrière ....

....

....

....

....

Réécris ces phrases en commençant par le groupe complément direct. Attention à l'orthographe.

Paul prend son livre dans son cartable.

Son livre, Paul le prend dans son cartable.

La maîtresse a apporté son beau calendrier.

....

Les brigands ont volé les bijoux de la comtesse.

....

Pierre nous a donné sa version de l'incident.

....

Dominique a dépensé son argent de poche.

....

Objectif: maîtriser le mécanisme de l'inversion.

Les figures

Regarde attentivement les figures géométriques. Réponds ensuite aux questions.

a b c d

Laquelle de ces figures est un trapèze? ....

Un trapèze est un .... avec au moins deux côtés

.... Les côtés sont des ....Lorsqu'elles

sont inégales, on les appelle ....

Avec les droites, fais des parallélogrammes. Emploie ta règle et ton équerre. Puis, découvre la figure décrite en dessous.

a b c d

C'est un parallélogramme. Il a 4 angles droits et ses côtés sont égaux deux à deux. Les diagonales sont égales et se coupent en leur milieu.

C'est un ....

Avec ces droites, fais un losange. Complète ensuite les phrases en bas de page.

Un .... avec 4 côtés .... est un losange.

Les .... se coupent entre elles en leur milieu, mais ne sont

pas... De même, les .... se coupent en

leur milieu, mais ne sont pas ....

Objectif: reconnaître et définir des figures géométriques.

Construire des phrases

En faisant des phrases à partir de mots donnés, tu pourras découvrir une très jolie histoire. Le titre est inscrit sur les rochers.

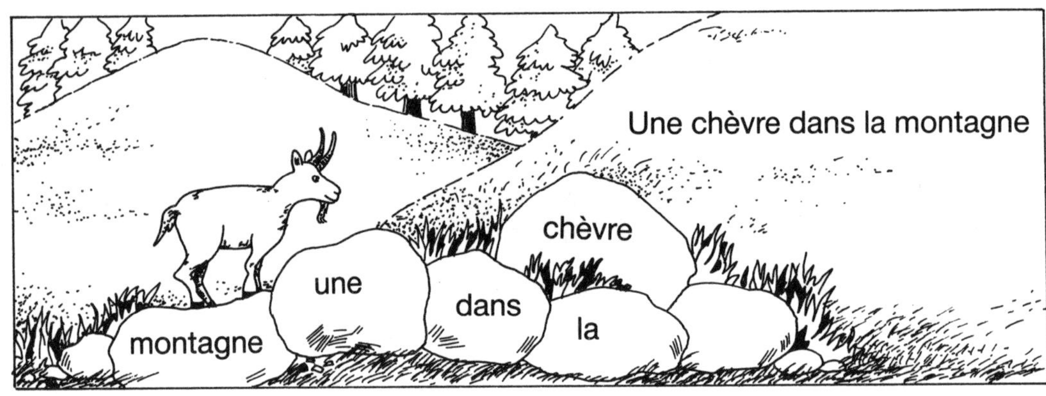

montagne – arriva – dans – haute – la – une – chèvre.

....

reçurent – une – les – la – animaux – reine – comme.

....

montagne – trouvait – chèvre – magnifique – la – la.

....

savoureuse – était – fine – herbe – et – l' – y.

....

de – chèvre – bruit – soir – le – la – entendit –feuilles – un.

....

brillants – observait – loup – yeux – aux – un – l' – énorme.

....

fit – toute – le – rage – la – combat – durant – nuit.

....

la –, – mangea – au – chèvre – loup – petite – matin – le.

....

Objectif: apprendre à construire des phrases.

En voilà des pains!

+ − : × Résous les opérations qui sont incrites sur les pains.

Objectif: apprendre à multiplier.

Mots croisés

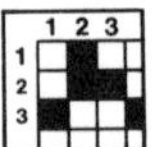

Complète ces mots croisés en conjuguant ces verbes.

Horizontalement

1	JETER	ind. prés. 2e sing.
2	ELIRE	part. pas. fém. pl.
	SAVOIR	part. pas. masc. sing.
3	TUER	ind. prés. 2e sing.
	MUER	ind. prés. 3e sing.
4	AVOIR	ind. prés. 2e sing.
	TRIER	ind. prés. 1e sing.
5	MOUVOIR	ind. prés. 2e sing.
6	RIRE	part. pas. masc. sing.
	NAITRE	part. pas. masc. sing.
7	NAITRE	part. pas. masc. sing.
	NUIRE	ind. prés. 3e sing.
8	NAITRE	part. pas. masc. pl.
	ETRE	ind. prés. 2e sing.

Verticalement

1	JETER	ind. imp. 3e sing.
2	ELIRE	part. pas. masc. sing.
	NAITRE	part. pas. masc. sing.
3	TUER	ind. prés. 3e sing.
	ETRE	ind. prés. 2e sing.
4	TESTER	infinitif
5	ETRE	ind. prés. 2e sing.
	RUINER	ind. prés. 3e sing.
6	METTRE	part. pas. masc. pl.
7	SUER	ind. prés. 3e sing.
	NIER	imp. prés. 2e sing.
8	BOIRE	part. pas. fém. sing.
	METTRE	imp. prés. 2e sing.

Objectif: exercice de conjugaison à partir de mots croisés.

Sois attentif, compte et ... tu trouveras!

Pour arriver à l'étang, prends le chemin dont les nombres se suivent.
Retiens bien que: ● = 1 et — = 5. Colorie le bon chemin en jaune.

• = 1

—— = 5

Objectif: apprendre à penser avec logique.

La pollution

Lis attentivement ce texte.

Notre milieu est de plus en plus pollué. Les causes de cette dégradation sont multiples; de nombreux déchets proviennent des ménages: de vieux médicaments, du verre, divers emballages ...
L'industrie et l'agriculture produisent également une grande quantité de déchets, notamment la fumée et les gaz s'échappant des cheminées des usines, ou les insecticides répandus sur les cultures.
Il existe différentes formes de pollution: la pollution de l'air (par ex. les gaz d'échappement des véhicules automobiles), la pollution du sol (par ex. les produits toxiques rejetés par les usines) et la pollution de l'eau (par ex. les rejets des bateaux).

Maintenant, réponds aux questions suivantes.

Quelles sont les causes de pollution signalées dans ce texte? ....

....

....

En connais-tu d'autres? ....

....

Quelles sont celles se trouvant dans ton voisinage immédiat? ....

....

....

Que fait-on pour supprimer ces causes de pollution?

....

....

Et toi, comment les éliminerais-tu? Trouve plusieurs solutions. ....

....

....

Objectif: comprendre un texte à la lecture.

Les relations et les ensembles

Sois attentif aux consignes et résous ensuite les exercices.

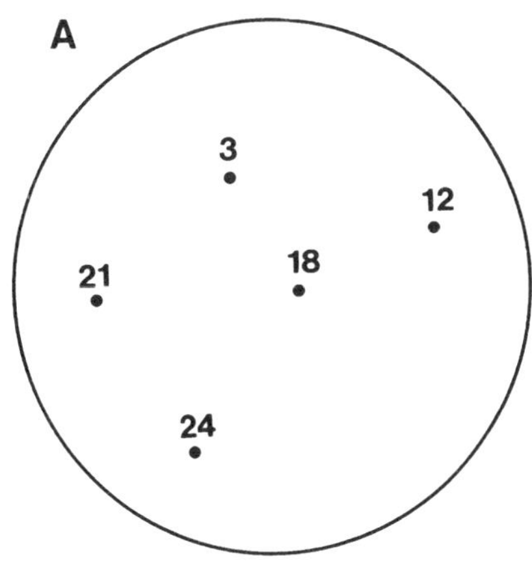

R "est un multiple de"

Dessine les flèches de R dans A.

Quelle sera la signification de R^{-1}?

....

Dessines-en les flèches et complète les diagrammes de R et R^{-1}.

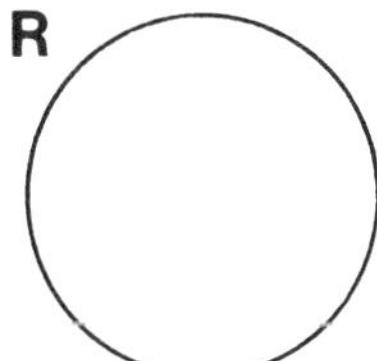

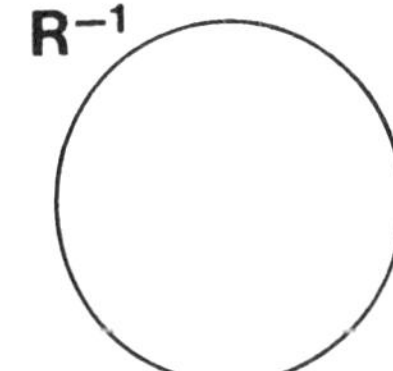

Maintenant, fais la même chose pour l'exercice ci-dessous.

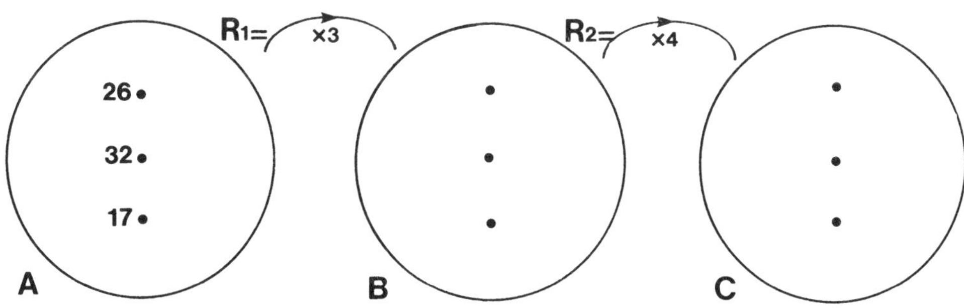

Complète B et C selon la signification des flèches R_1 et R_2.

Si $R_3 = R_2 + R_1$, traces-en les flèches avec ton crayon rouge. ....

Quelle est la consigne de R_3?

....

Quelle est celle de R_3^{-1}?

....

Objectif: exercices de relations.

Anne et le singe

Mets ces phrases en ordre de façon à former un récit cohérent.

Un grand singe la poursuit.
Elle fait un affreux cauchemar.
Le singe la pousse de l'arbre.
Anne monte vite dans un arbre.
Anne tombe par terre la tête en avant.
Anne passe une nuit fort agitée.
Mais le singe la suit dans l'arbre.
Ouf! Ce n'était qu'un mauvais rêve.
Anne se réveille en sursaut.
Que ça fait mal.

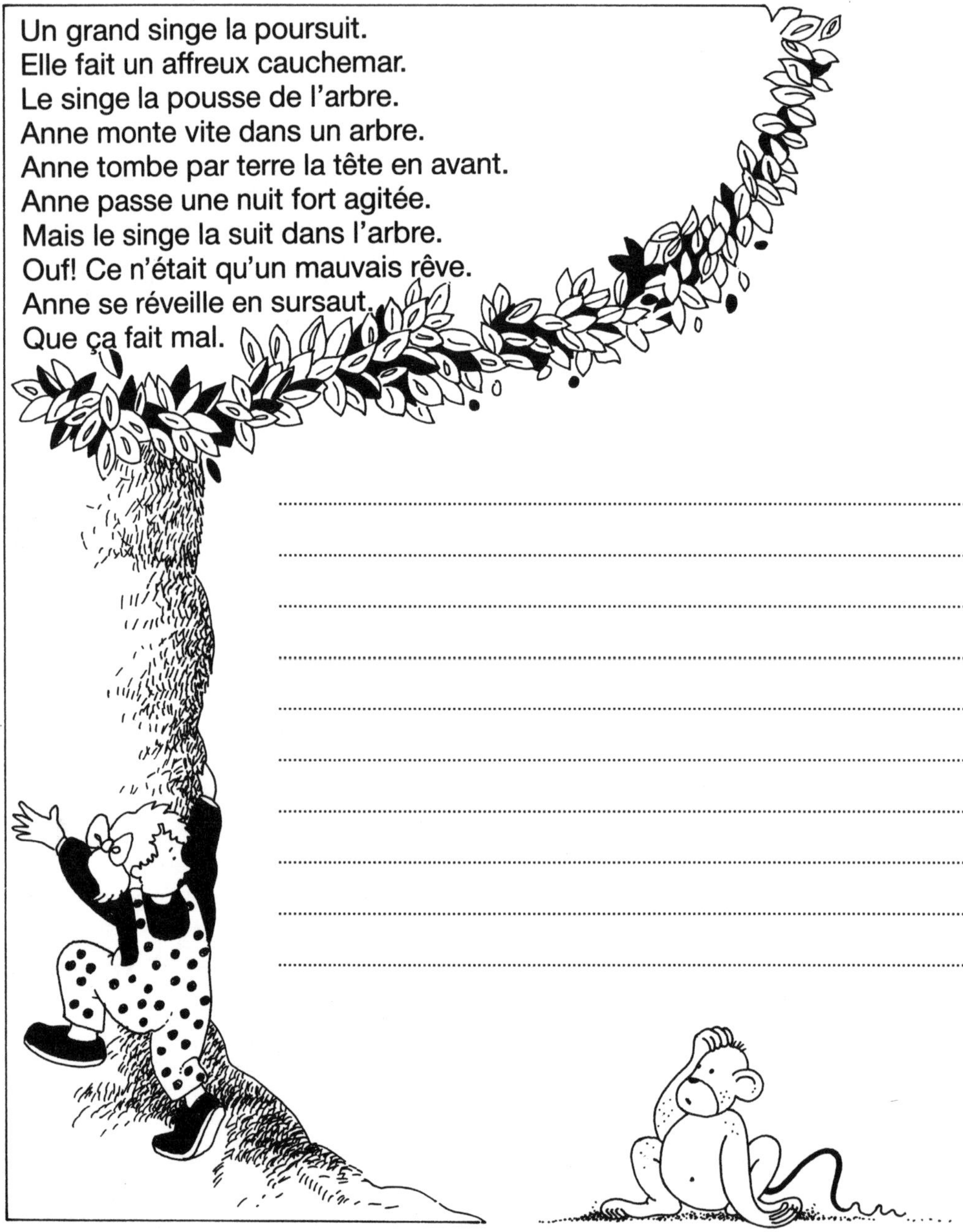

....

....

....

....

....

....

....

....

....

....

Objectif: élaborer un récit à partir de phrases données.

Des messages dans le ciel

+− :× La banderolle que traîne l'avion contient beaucoup d'informations. Résous-les.

Jusque 0,1 de précision.

87542	4

17548	6

6741	6

Jusque 0,001 de précision.

15874	7

12489	8

45789	8

Objectif: faire des divisions ayant comme résultats des nombres décimaux.

Le conditionnel présent

Mets ces phrases au conditionnel présent.

Le singe voit un lion se promener dans le bois.

....

Il apporte de nombreux cadeaux pour chaque personne.

....

Vous bavardez beaucoup trop en classe.

....

Après deux heures de promenade, ils se reposent sur un banc.

....

Pourquoi Pierre et Sylvie vont-ils souvent au zoo?

....

Ils viennent chez vous avec quelques amis.

....

Mets ces verbes au conditionnel présent.

(jouer)	il jouerait	(jeter)	vous ....
(chanter)	ils	(partir)	elles ....
(entendre)	j'	(courir)	il ....
(rire)	nous	(traverser)	tu ....
(tomber)	vous	(amener)	j' ....
(pousser)	tu	(sortir)	ils ....
(aller)	elle	(mettre)	il ....
(étudier)	tu	(élever)	nous ....
(mentir)	je	(faire)	nous ....
(prendre)	ils	(dire)	vous ....

Objectif: conjuguer au conditionnel présent.

Prisonnière d'un château

Si tu résous bien toutes ces opérations, la princesse pourra s'échapper. Est-ce que tu vas l'aider?

Objectif: s'exercer aux soustractions.

Le cinéma

Compose une histoire à partir des mots suivants: public – film – suspens – voleurs – or – poursuite – prison.

....

....

....

....

....

....

....

....

....

....

....

Donne ton avis.

Vas-tu parfois au cinéma? ....

Quel est le meilleur film que tu as vu? ....

Que racontait-il? ....

....

....

Regardes-tu souvent la télévision? ....

Quelle est ton émission préférée? ....

Pourquoi? ....

....

....

Objectif: apprendre à composer un récit et à formuler un jugement.

Bien réfléchir

? Lis attentivement le texte et regarde bien l'illustration. Celle-ci va t'aider à répondre aux questions.

André est chauffeur de camion. La capacité de chargement de son camion est de 20.000 kg ou 20 tonnes. Le camion pèse 7 tonnes. Quand André charge toutes ces caisses, il a.................. kg ou ....tonnes dans son camion. Il met son camion sur une balance pour peser le poids total. La balance indique .... kg ou .... tonnes. Ce poids est-il permis? ....

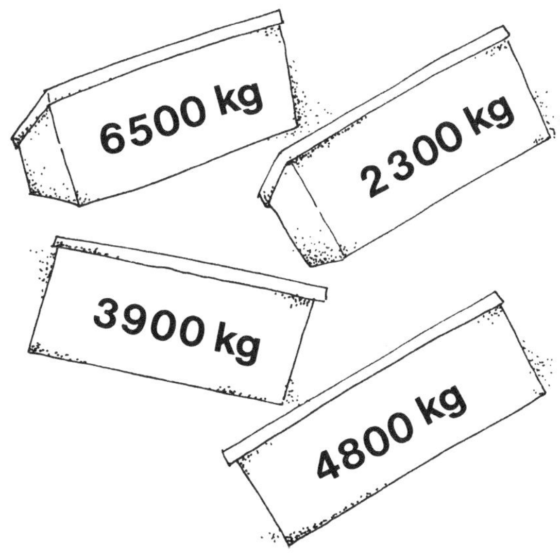

? Résous ce problème.

Dimanche, nous avons récolté de vieux papiers. Nous étions divisés en trois groupes. Anne a ramassé, avec ses 4 amis, 960 kg. Marie, Julien et Luc ont récolté 580 kg. Le dernier groupe de quatre a ramené 740 kg. Combien de kilos a-t-on assemblés? .... Combien de kilos a rapportés chaque enfant en moyenne? ....

Objectif: résoudre des problèmes.

Des correspondances

Relie les mots qui ont un rapport entre eux.

Bruxelles •	• bibliothèque
piano •	• horloge
Zorro •	• capitale
gare •	• facteur
heure •	• héros
livre •	• hirondelle
diamant •	• instrument
hôtel •	• train
forêt •	• lit
oiseau •	• arbre
lettre •	• or

Relie les consonnes et les voyelles de ces deux listes pour former des mots complets.

PR–M–N–D– •	• EU–O–EE–
L–M–N–D– •	• –A– –A–A–
L– –VR– •	• –A– –I–I–E
C–RN–V–L •	• –O–E–A–E
– –T–M–B–L– •	• – – O – E – A – E
D–C–S– –N •	• AU–O–O–I–E
P–RT–C–P– •	• –I–O–A–E
M–G–S–N– –R •	• –IE – –E
– –R–P – –N •	• –A–A–I–IE–
L–B–RT– •	• –E–I–IO–

Objectif: apprendre à établir des liens entre les mots et à manier la langue.

Le géomètre

Le géomètre doit calculer le périmètre et la superficie d'un morceau de terrain carré. Peux-tu en faire autant?

La règle qui permet d'obtenir le périmètre est .... Le périmètre de ce carré fait .... La règle pour obtenir la superficie est .... La superficie de ce carré fait ....

Un carré dont le côté fait 10 cm:

a comme périmètre: .... + ... + ... + ... = ... cm

a comme superficie: .... × .... = ... cm^2 = ... dm^2

Complète les égalités suivantes.

1 dm^2 = ... cm^2	0,25 m^2 = ... dm^2	4,08 m^2 = ... cm^2
6 m^2 = ... dm^2	0,50 m^2 = ... dm^2	12,2 m^2 = ... dm^2
3,75 m^2 = ... dm^2	2,15 dm^2 = ... cm^2	20,6 m^2 = ... dm^2
0,17 m^2 = ... dm^2	0,1 m^2 = ... dm^2	0,12 dm^2 = ... cm^2
0,01 m^2 = ... dm^2	0,7 m^2 = ... dm^2	100 m^2 = ... cm^2

Objectif: s'exercer à calculer des périmètres et des superficies.

Cherche les fautes

Lis attentivement ce texte et souligne les fautes.
Réécris-le ci-dessous, sans faire de faute évidemment.

Un lion possédeit un bau verger. Il interdisait qu'on en ceille les fruit. La tortu se dit qu'il est domage de laiser perdre tout ces fruits. Comme elle ne sais pas grimper aus arbres, elle demande l'aid du singe. Ce dernié attache la tortue à sa queue. Ils montent au plus bel arbre du vergé. Le lion entend du bruit. Il cour jusqu'à son verger et voit les intrus. La tortue et le singe descendent vite de l'arbre et se cache dans les buissons. Plus tard, ils parvienne à sortir du verger et ils réussissent ainsi a s'enfuir

....

....

....

....

....

....

....

....

....

....

....

....

....

....

....

Objectif: apprendre à lire un texte de façon critique.

Dis-le avec des fleurs

Effectue toutes les opérations.

3600 : 10 = ...

9,70 : 10 = ...

8 : 10 = ...

650 : 10 = ...

1,7 : 10 = ...

247 : 100 = ...

7,6 : 10 = ...

18 : 100 = ...

86 : 10 = ...

3,7 : 100 = ...

906 : 10 = ...

800 : 100 = ...

247,3 : 100 = ...

20,6 : 2 = ...

56,16 : 8 = ...

66,006 : 6 = ...

54,9 : 9 = ...

39,45 : 3 = ...

42000 : 4 ....

39000 : 3 = ...

25000 : 100 = ...

34000 : 5 = ...

56000 : 8 = ...

36000 : 10 = ...

Objectif: diviser correctement.

De plus en plus petit

Raccourcis ces phrases en enlevant un groupe complément.
Regarde attentivement l'exemple.

> Pendant les vacances, nous jouons souvent sur la plaine.
> Nous jouons souvent sur la plaine.
> Nous jouons sur la plaine.
> Nous jouons.

Chaque fois, il promène son chien dans le grand parc.

....

....

....

Jean cueille des pommes avec Pierre dans le verger.

....

....

....

Là-bas, ils bronzent toute la journée couchés sur le sable.

....

....

....

Le coureur, imprudent, descend le col à toute allure.

....

....

....

Ce soir, je prends le train dès que c'est possible.

....

....

....

Objectif: repérer les groupes de la phrase.

La fanfare

123 Regarde bien le dessin. Ensuite, réponds aux questions.

.... % de musiciens jouent d'un instrument à vent.

.... % des joueurs de tambours ont un petit tambour.

.... % des instruments à vent sont des trompettes.

.... % des musiciens de la fanfare marchent en première ligne.

Hachure la partie demandée.

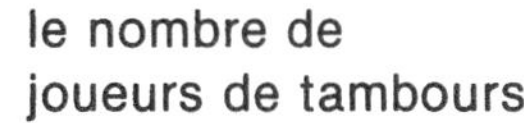

le nombre de
joueurs de tambours

le nombre de joueurs
d'instruments à vent

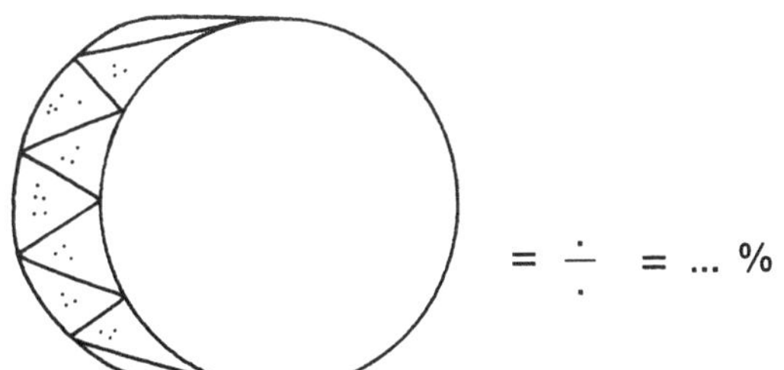

= $\frac{\cdot}{\cdot}$ = ... %

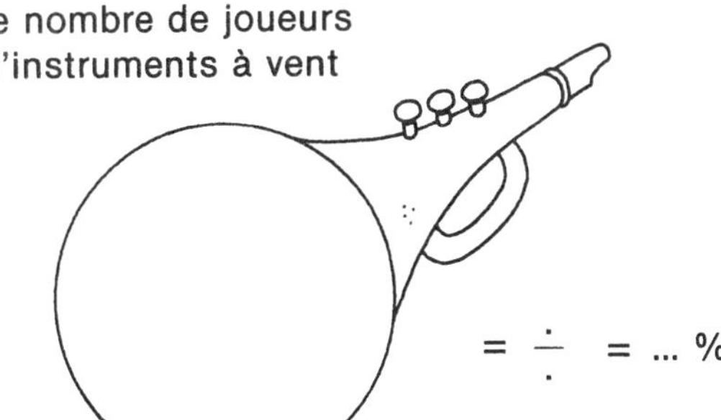

= $\frac{\cdot}{\cdot}$ = ... %

Objectif: bien comprendre le calcul des pourcentages.

Un hold-up

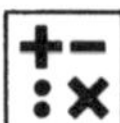

Ces quatre bandits ont cambriolé une banque. Pour calculer leur butin, effectue les opérations et additionne tous les résultats.

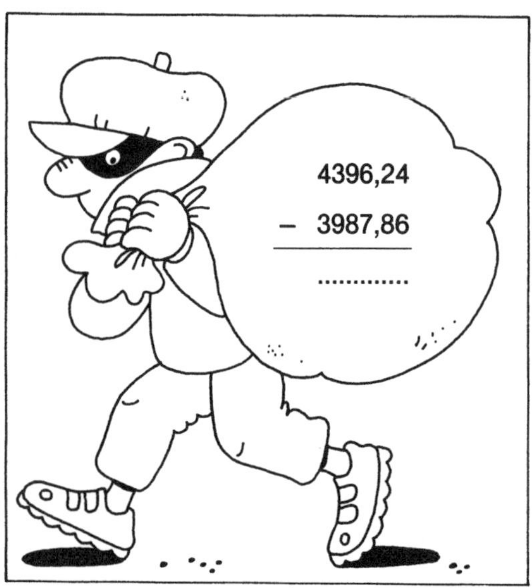

Butin: .... + ... + ... + ... = ...

Objectif: additionner et soustraire des nombres décimaux.

Les fleurs

Combien de points dois-tu dessiner sur les dernières fleurs de chaque série?

Objectif: exercice de logique

La famille Jeannot

Regarde bien l'ensemble des enfants de la famille Jeannot. Ensuite tu pourras résoudre les exercices.

Laure
30-03-78
Paris
blond

Cédric
21-06-77
Lille
brun

Jonas
01-12-80
Lyon
blond

Elodie
30-03-78
Paris
blond

1. Le sous-ensemble des filles = {...}
2. Le sous-ensemble des garçons = {...}
3. Le sous-ensemble des enfants nés en mars = {...}
4. Le sous-ensemble des enfants nés en décembre = {...}
5. Le sous-ensemble des enfants blonds = {...}
6. Le sous-ensemble des enfants nés en 1978 = {...}
7. Le sous-ensemble des enfants nés à Paris = {...}
8. Le sous-ensemble des enfants de moins de 13 ans = {...}
9. Le sous-ensemble des enfants qui ont une casquette = {...}
10. Le sous-ensemble des enfants qui portent des lunettes = {...}

Objectif: comprendre la notion de sous-ensemble.

Qui convient le mieux?

Associe trois mots du cadre à chaque mot écrit sous le dessin.

diapositive - télégramme - échevin - cahier - tribunal - facteur - garage - pilote - bateau - architecte - rédacteur - passage à niveau - film - imprimerie - instituteur - boîte aux lettres - chirurgien - ancre - témoin - avocat - train - infirmier - ville - tour de contrôle - flash - voie ferrée - piste - entrepreneur - huile - mairie - programme scolaire - panne - matelot - hôpital - plan - journaliste.

dépanneuse: ....

timbre-poste: ....

quai: ....

journal: ....

opération: ....

chantier: ....

maire: ....

port: ....

élève: ....

steward: ....

juge: ....

photographe: ....

Objectif: faire des associations.

Cache-cache

Plusieurs mots sont cachés dans les mots ci-dessous. Peux-tu les retrouver? Aide-toi de l'exemple.

passe-partout: pas, passe, par, part, tout

porte-monnaie: ....

couperet: ....

demoiselle: ....

marionnette: ....

anniversaire: ....

Trouve deux longs mots à décomposer toi-même. Peux-tu aussi les dessiner?

Objectif: exercer la créativité en rapport avec la langue.

Les records

Calcule à quelle hauteur Thierry saute à la perche et à quelle distance Julien et Nicolas ont lancé le disque et le poids.

Essai 1:

48,5 dm = ... m = ... cm

Essai 2:

5,15 m = ... cm = ... dm

Essai 3:

529 cm = ... m = ... dm

Essai 4:

5,58 m = ... dm = ... cm

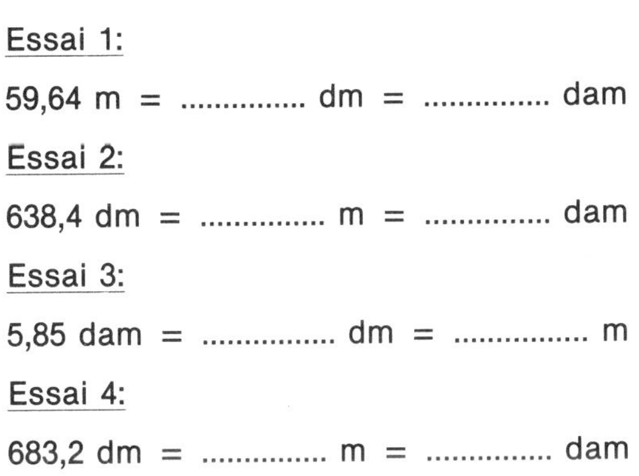

Essai 1:

59,64 m = ... dm = ... dam

Essai 2:

638,4 dm = ... m = ... dam

Essai 3:

5,85 dam = ... dm = ... m

Essai 4:

683,2 dm = ... m = ... dam

Essai 1:

0,789 dam = ... m = ... dm

Essai 2:

801 dm = ... cm = ... m

Essai 3:

77,3 m = ... dm = ... dam

Essai 4:

823 cm = ... m = ... dm

Objectif: révision des mesures de longueur.

Quatre angles!

Regarde bien ces formes: elles ont 4 angles. Mais elles ont aussi d'autres particularités. Ecris les bons numéros dans les diagrammes de Venn.

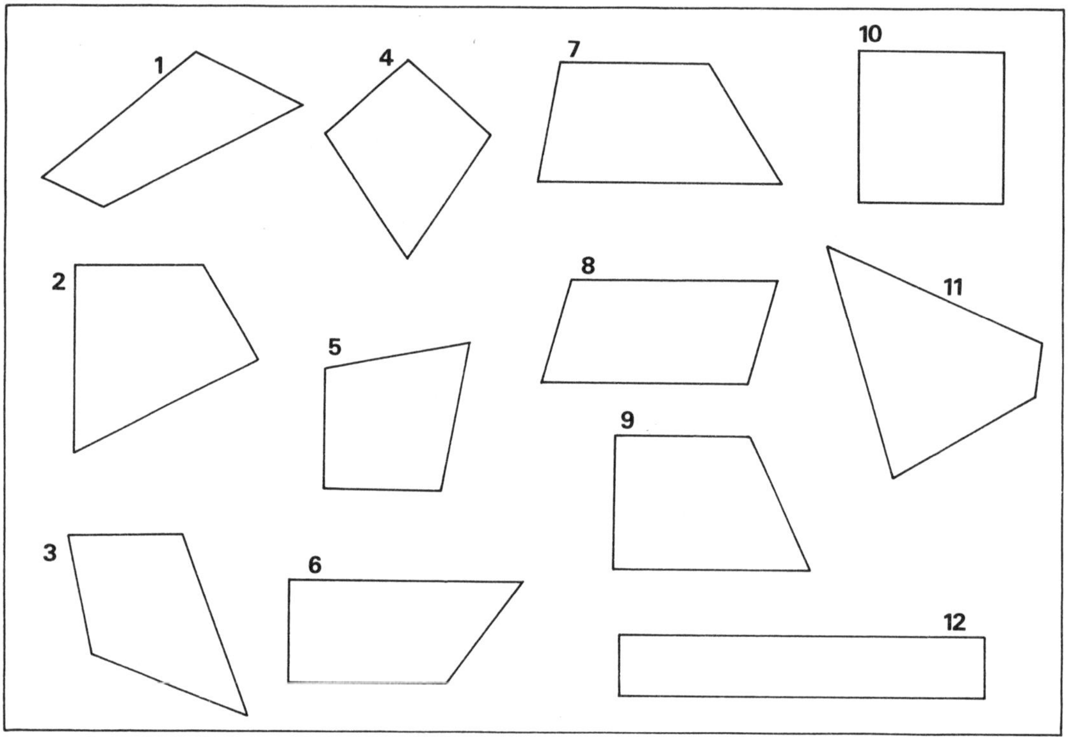

1 4 7 10

2 8 11

5

9

3 6

12

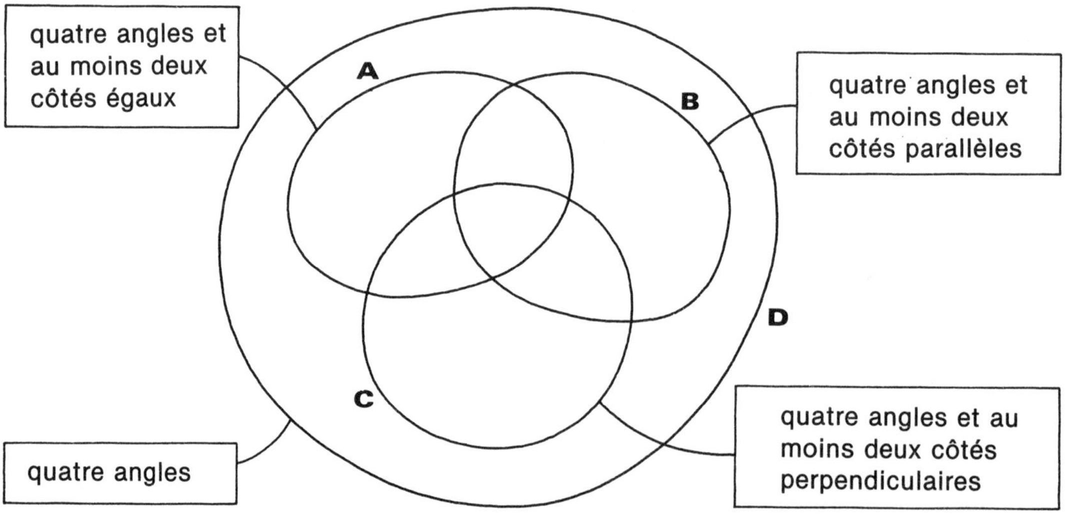

quatre angles et au moins deux côtés égaux

A

B

quatre angles et au moins deux côtés parallèles

D

C

quatre angles et au moins deux côtés perpendiculaires

quatre angles

Objectif: classer différentes formes.

Adam et Eve

Ecris le féminin de ces mots.

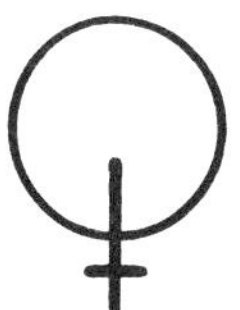

pharmacien	....	voleur	....
instituteur	....	danseur	....
neveu	....	sportif	....
secrétaire	....	marchand	....
fils	....	docteur	....
directeur	....	poète	....
cuisinier	....	journaliste	....
empereur	....	avocat	....
ami	....	sauveteur	....
religieux	....	boulanger	....
monsieur	....	père	....
caissier	....	fermier	....
infirmier	....	chanteur	....
roi	....	chasseur	....
voisin	....	professeur	....
grand-père	....	client	....
époux	....	ouvrier	....
agent	....	oncle	....
veuf	....	speaker	....
comte	....	couturier	....

Objectif: connaître le féminin de noms.

A la manière des animaux

Choisis parmi les mots du cadre pour compléter ces locutions.

chameau - oie - loup - agneau - coq - ver - bœuf - âne - cheval - tortue - singe - cochon - chien - loir - pie - oiseau - pinson - renard - paon - lièvre - carpe - chat.

Têtu comme un ....

Muet comme une ....

Rusé comme un ....

Fort comme un ....

Avoir une faim de ....

Sobre comme un ....

Dormir comme un ....

Bavarder comme une ....

Avancer comme une ....

Manger comme un ....

Bête comme une ....

Libre comme un ....

Malin comme un ....

Doux comme un ....

Passer du .... à l' ....

Siffler comme un ....

Donner sa langue au ....

Fier comme un ....

Nu comme un ....

Malade comme un ....

Avoir une fièvre de ....

Ne pas courir deux .... à la fois.

Objectif: connaître des locutions faisant intervenir des animaux.

Le tir à l'arc

Ces sept tireurs essayent d'envoyer leur flèche le plus loin possible. La distance entre les lignes noires est de 0,01 km. A quelle distance les flèches sont-elles?

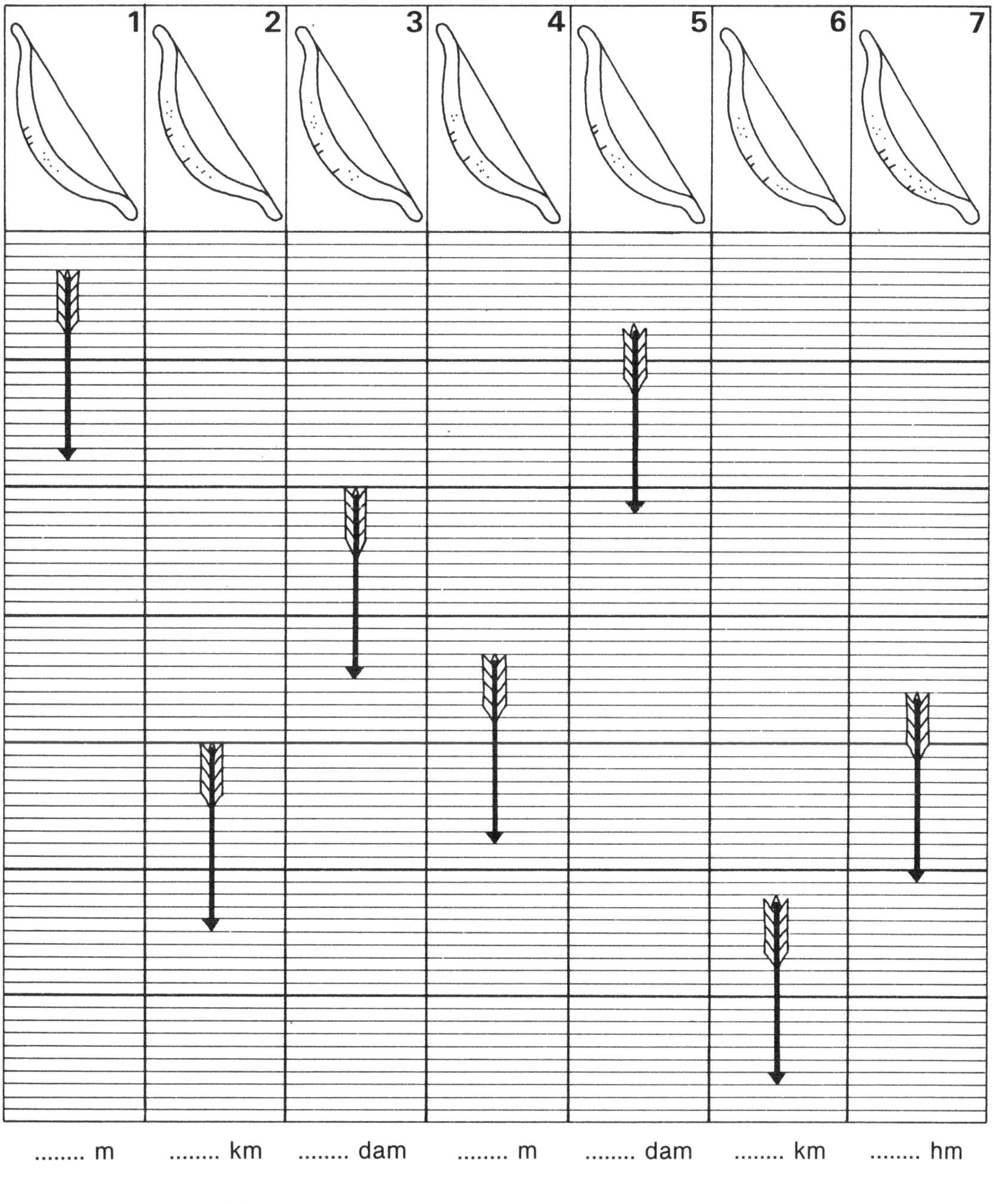

1	2	3	4	5	6	7
.... m	.... km	.... dam	.... m	.... dam	.... km	.... hm

Objectif: apprendre à définir des distances.

La course cycliste

+− :× Les coureurs portent leurs numéros sur leurs casquettes. Recopie-les et fais les exercices mentalement.

Objectif: diviser par des nombres inférieurs à 1.

Qui cherche trouve!

Qui habite où? Lis les phrases attentivement et regarde bien le dessin.

Le toit de la maison de Jérémy est plat.
Geneviève habite à côté d'une maison avec un pignon.
La façade de la maison d'Anne compte trois fenêtres.
Thomas est le voisin d'Anne.
Le toit de la maison de Pierre n'est pas plat.
La cheminée de la maison de Geneviève ne fume pas.
Geneviève habite à côté de chez Jérémy.
La maison de Thomas a un pignon.
Anne n'a qu'un seul voisin.
Il n'y a pas d'arbre à côté de la maison de Pierre.

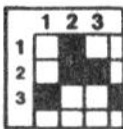

Anne téléphone à Pierre mais la ligne est défectueuse.
Peux-tu compléter le dialogue?

Anne: Bonjour Pierre. Ici c'est ta voisine la plus drôle.

Pierre: ....

Anne: Dis Pierre, tu viens faire un tour en vélo avec moi.

Pierre: ....

Anne: Tu veux qu'on fasse nos devoirs ensemble?

Pierre: ....

Anne: D'accord! J'arrive dans cinq minutes.

Objectif: exercer la logique et la réflexion.

Je compte A B C

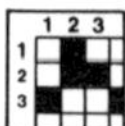

Sais-tu à quelles places ces lettres se trouvent dans l'alphabet?

La lettre b est à la .... place.

La lettre g est à la .... place.

La lettre v est à la .... place.

La lettre x est à la .... place.

La lettre w est à la .... place.

La lettre l est à la .... place.

La lettre o est à la .... place.

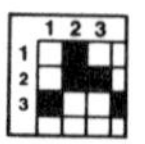

Ecris la bonne lettre sur les pointillés.

La 12e lettre de l'alphabet est le ....

La 20e lettre de l'alphabet est le ....

La 3e lettre de l'alphabet est le ....

La 26e lettre de l'alphabet est le ....

La 18e lettre de l'alphabet est le ....

La 7e lettre de l'alphabet est le ....

La 14e lettre de l'alphabet est le ....

La dernière lettre de l'alphabet est le ....

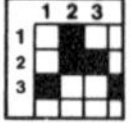

Déchiffre le message secret. Regarde d'abord le code.
Ensuite écris une phrase avec chaque mot trouvé.

VOICI COMMENT NOUS LIRONS L'ALPHABET
1234 5 678 91011 12 13 1415 16

3-7-10-8-3-8-9-8-6-9-12

....

16-13-11-11-6-8

....

4-13-5-3-2-7-6-8-8-6

....

15-6-12-3-10-10-2-7

....

Objectif: connaître l'alphabet.

Faire les courses

? Thomas a quelques problèmes. Peux-tu l'aider?

L'emballage d'une boîte de sucre en morceaux a un poids de 20 g. Le poids brut est de 1,020 kg.
Quel est le poids net de 5 boîtes de sucre?

....

....

Deux boîtes de spaghettis pèsent 790 g. Le poids net est de 728 g. Quel est le poids d'un emballage?

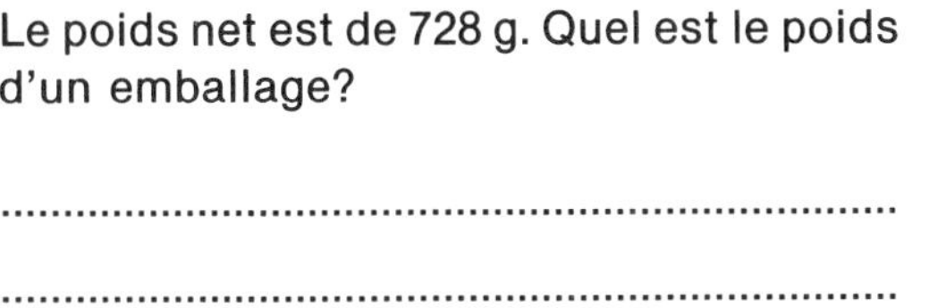

....

....

L'emballage d'une barre de chocolat pèse 9 g. Le poids net de cette barre de chocolat est de 48 g. Calcule le poids brut de deux barres de chocolat.

....

....

Le boulanger a besoin de 2 kg de beurre pour faire des gâteaux. Combien pèse un emballage, si tu sais que le poids brut des deux paquets est de 2,008 kg?

....

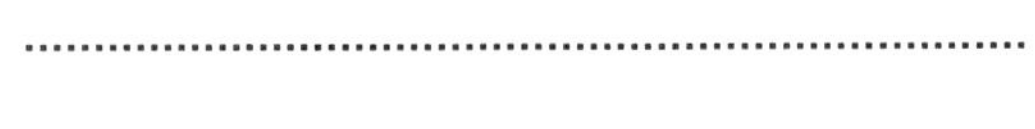

....

Objectif: résoudre des problèmes ayant rapport avec les poids.

Les axes de symétrie

Trace les axes de symétrie de ces figures en vert.

Objectif: comprendre la notion d'axe de symétrie.

Abracadabra

Ecris le pluriel de ces noms sur les pointillés.

chaise ....
détail ....
portefeuille ....
monsieur ....
bonhomme ....
souris ....
gaz ....
tuyau ....
bijou ....
journal ....
émail ....
homme ....
œuf ....
croix ....
bal ....
cheveu ....
éventail ....
genou ....

ami ....
bleu ....
aïeul ....
mur ....
pneu ....
cheval ....
nez ....
œil ....
os ....
confetti ....
vitrail ....
caillou ....
feu ....
voix ....
kangourou ....
madame ....
passeport ....
cahier ....

Objectif: former le pluriel des noms.

Où allons-nous?

Remplace le verbe aller dans ces phrases par un des verbes se trouvant dans les empreintes. Ensuite écris les phrases.

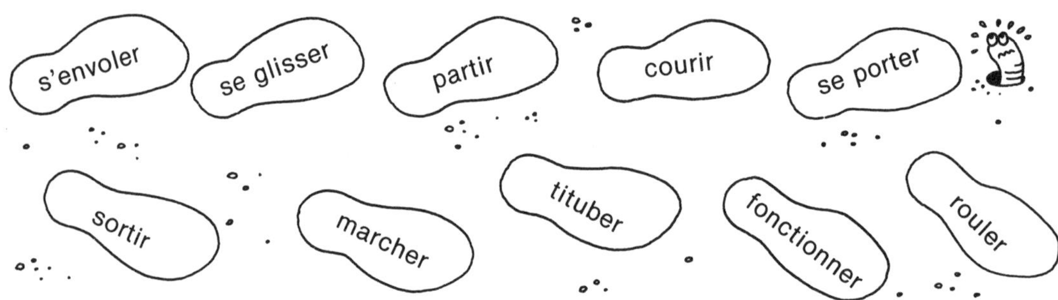

"Va vite hors du bois si tu tiens à la vie", crie le garde-forestier.

....

A moitié assommé par le coup qu'il a reçu, David va jusque chez lui.

....

La voiture de ce champion va très vite.

....

Dès l'approche de l'hiver, les hirondelles vont vers le sud.

....

Silencieusement, sur la pointe des pieds, Anna va derrière l'arbre.

....

La famille Brigelot va en vacances en Espagne chaque année.

....

"Comment vas-tu?" ai-je demandé à ma meilleure amie.

....

Ma nouvelle montre va beaucoup mieux que l'ancienne.

....

Va à pied avec moi jusqu'à l'école.

....

Aujourd'hui il fait beau et Sylvie va au dehors.

....

Objectif: préciser le vocabulaire.

Les robots

Place les signes +, −, x et : à la bonne place pour que le résultat des trois robots de chaque ligne soit égal.

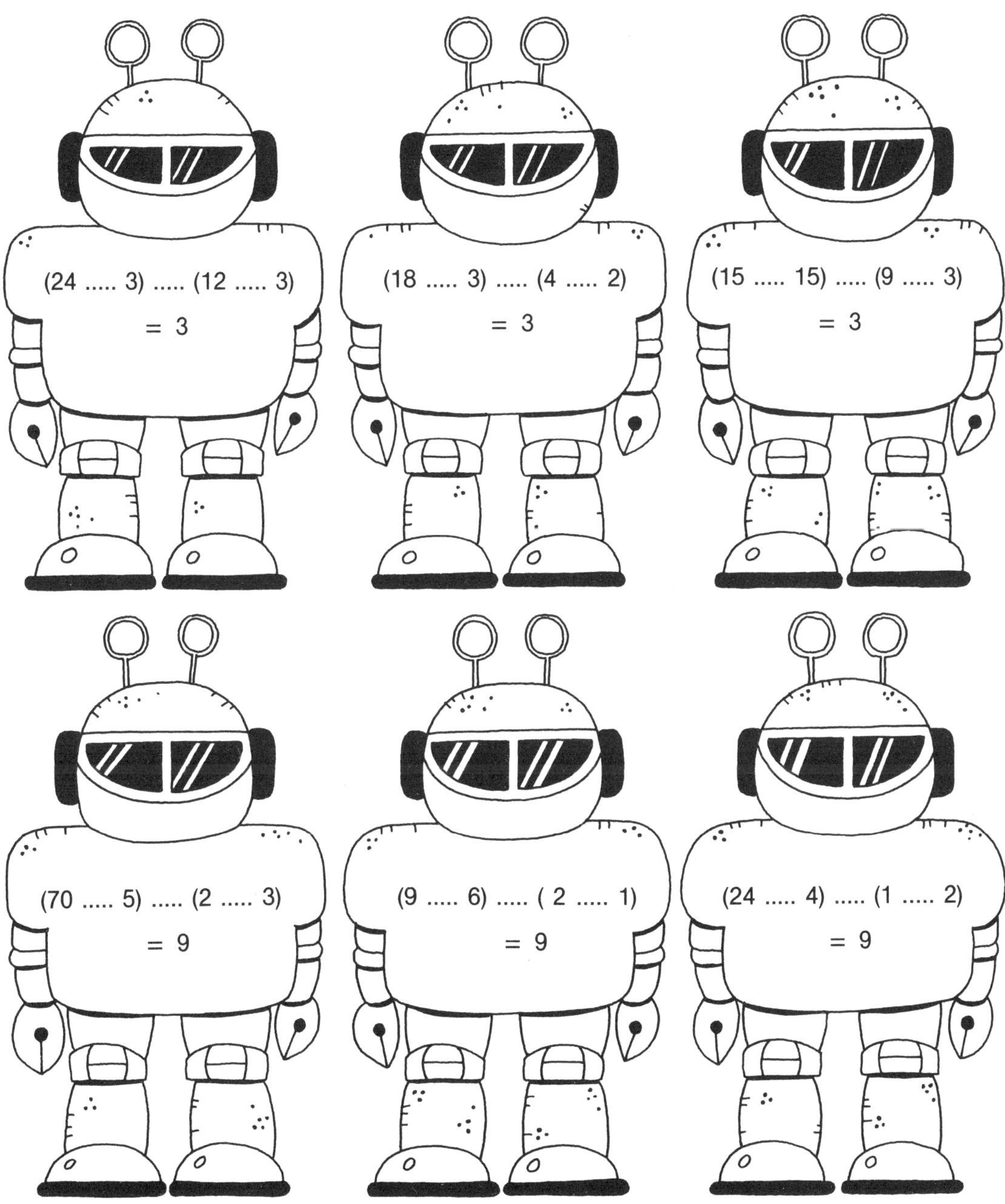

Objectif: connaître les propriétés des différentes opérations.

L'heure juste

Pour savoir quelle heure il est, fais les opérations suivantes. Ensuite indique l'heure juste en dessinant les aiguilles des réveils.

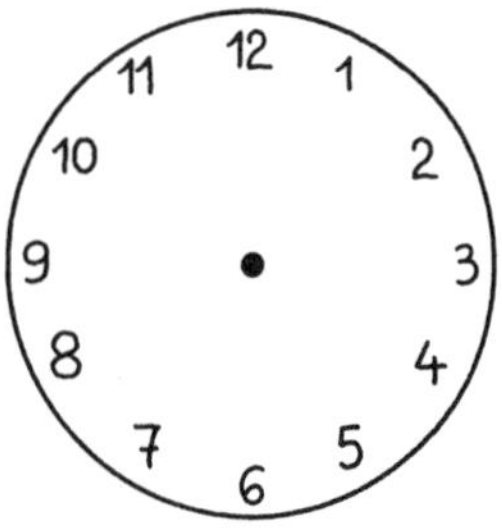

17 h 15 min	4 h 26 min	14 h 36 min	24 h 0 min
– 12 h 38 min	+ 8 h 19 min	– 7 h 41 min	– 9 h 46 min
....	....	....	....
15 h 43 min	2 h 02 min	11 h 28 min	9 h 59 min
– 6 h 57 min	+ 9 h 58 min	+ 6 h 17 min	+12 h 03 min
....	....	....	....
17 h 0 min	20 h 15 min	23 h 01 min	23 h 27 min
– 16 h 03 min	– 13 h 16 min	– 20 h 14 min	+ 5 h 19 min
....	....	....	....

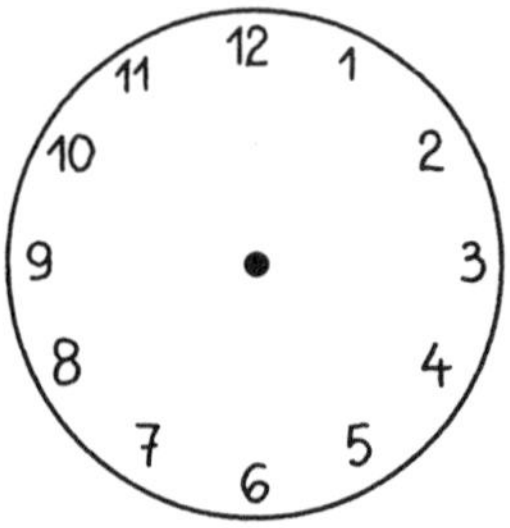

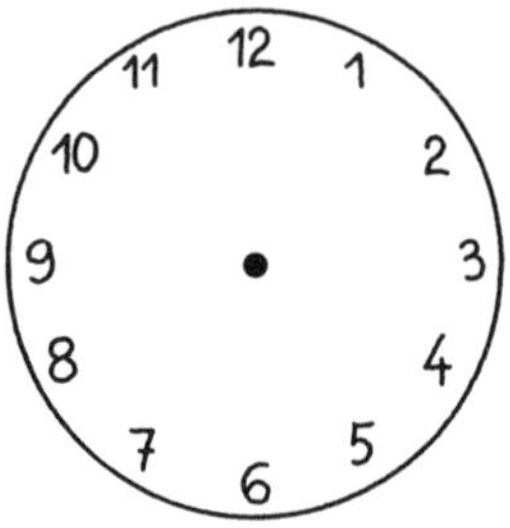

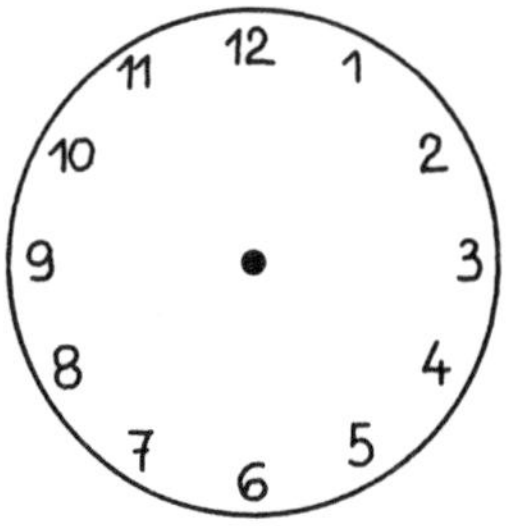

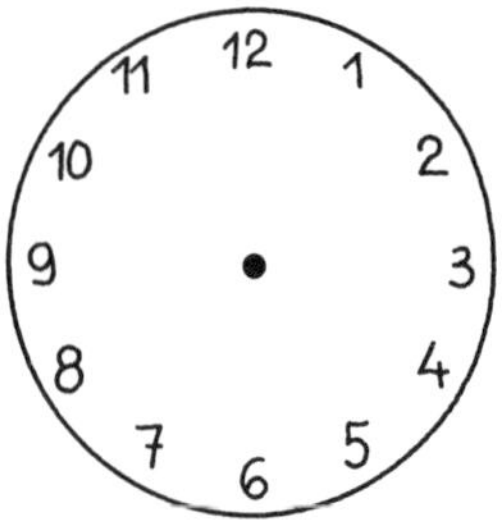

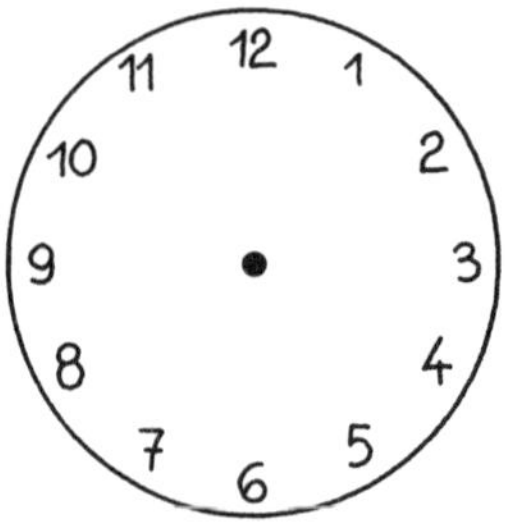

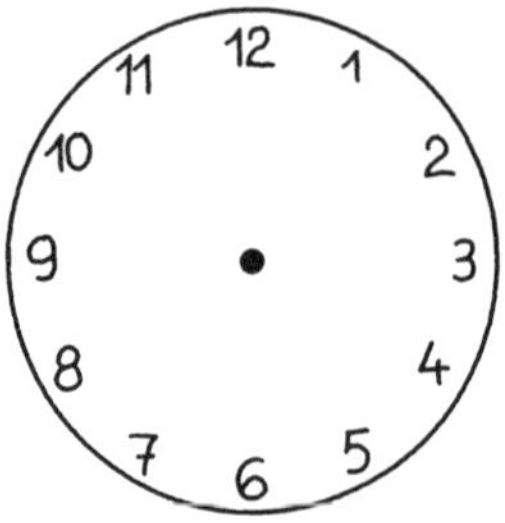

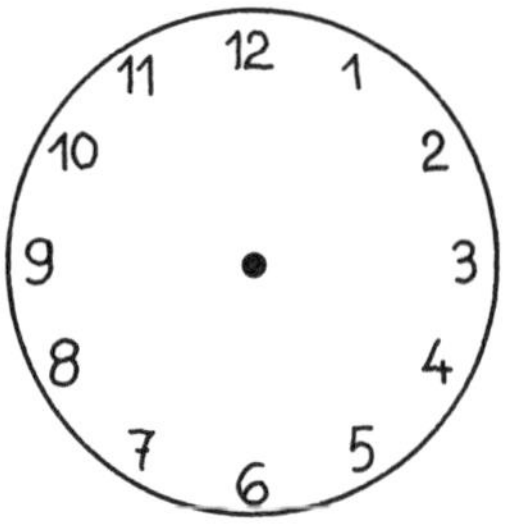

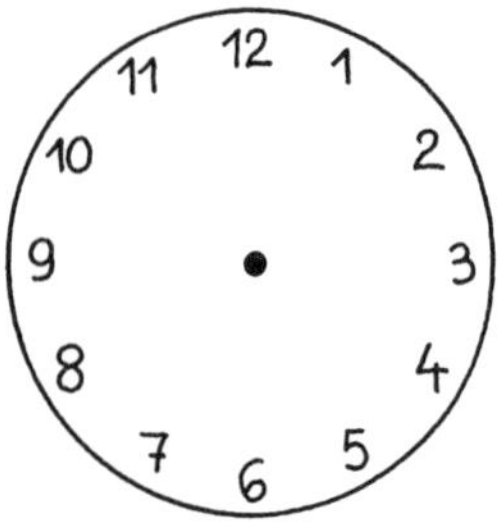

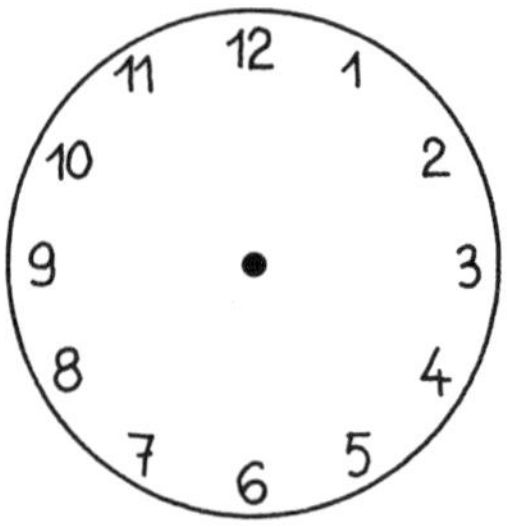

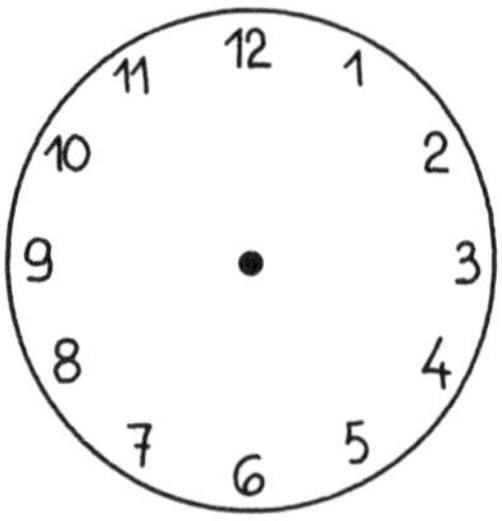

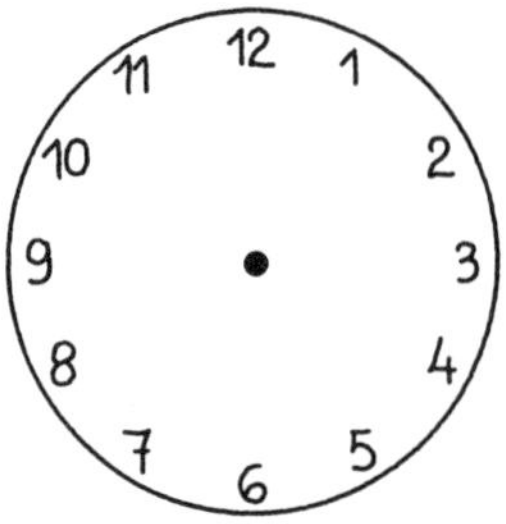

Objectif: additionner et soustraire des heures et des minutes

Le gros éléphant

Trouve les noms des femelles et des petits des animaux. Mais attention, parfois ils n'existent pas. Aide-toi du dictionnaire.

le cheval - la jument - le poulain

l'éléphant ....

le taureau ....

le rat ....

le chien ....

le sanglier ....

l'oiseau ....

le cochon ....

la girafe ....

le coq ....

le lion ....

le bouc ....

le mouton ....

le pigeon ....

l'âne ....

le canard ....

le dindon ....

le cerf ....

le jar ....

le loup ....

le renard ....

le paon ....

le singe ....

l'ours ....

le chameau ....

le léopard ....

le daim ....

le merle ....

le lièvre ....

le lapin ....

l'aigle ....

l'autruche ....

le faisan ....

le chevreuil ....

le faux bourdon ....

le tigre ....

Objectif: enrichir le vocabulaire.

Pair et paire

Ces mots se ressemblent mais signifient tout autre chose. Compose une phrase avec chaque mot.

1. boue: ....
   bout: ....
2. sain: ....
   sein: ....
3. chaux: ....
   chaud: ....
4. cou: ....
   coup: ....
5. fil: ....
   file: ....
6. laid: ....
   lait: ....

Trouve à présent d'autres homonymes et introduis-les dans une phrase.

7. ....
....
....
....

8. ....
....
....
....

Objectif: distinguer des homonymes.

Le nouveau tapis

Pierre, Christine et leurs parents ont décidé de recouvrir le sol de leur maison de moquette. Peux-tu les aider?

La chambre de Pierre et celle de Christine vont être recouvertes de moquette bleue. Combien de m² de moquette bleue papa doit-il acheter?

Surface de la chambre de Pierre:

formule: ....

calcul: .... = ... m²

Surface de la chambre de Christine

formule: ....

calcul: .... = ... m²

Surface totale des chambres: .... m²

Calcule également la surface des autres pièces.

salon: formule: ....

calcul: .... = ... m²

cuisine: formule: ....

calcul: .... = ... m²

salle de bains: formule: ....

calcul: .... = ... m²

bureau: formule: ....

calcul: .... = ... m²

chambre des parents: formule: ....

calcul: .... = ... m²

7m
4m
salle de séjour
cuisine
3,5m
salon
7m
2,5m
terrasse
5m
salle de bains
1,5m
hall
chambre de Christine
2,5m
4m
chambre des parents
chambre de Pierre
3,5m
2m
bureau
4m
4m

Objectif: calcul de surfaces.

Les loisirs

Regarde attentivement le tableau et ensuite, place les éléments dans les diagrammes.

A = l'ensemble des enfants qui jouent d'un instrument de musique.
B = l'ensemble des garçons qui font partie d'une équipe de football.
C = l'ensemble des enfants qui font partie d'un club d'informatique.

	A	B	C
Olivier (o)	1	0	0
Anne (a)	0	0	1
Edith (e)	1	0	1
Nicolas (n)	0	1	0
Michel (m)	0	1	1
Carine (c)	0	0	1
Sophie (s)	1	0	0
Julie (j)	1	0	0
David (d)	0	1	1

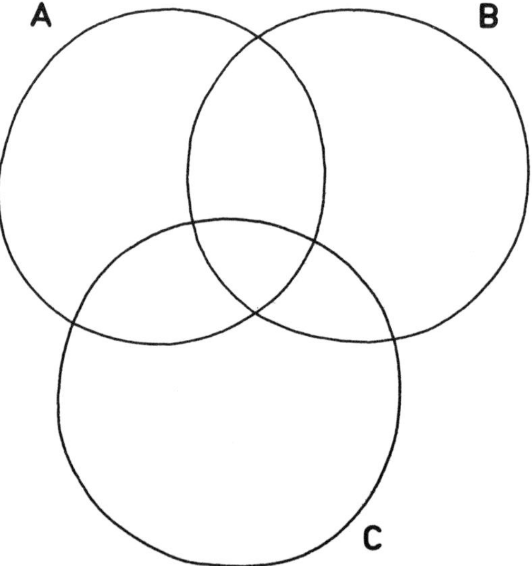

Objectif: placer des éléments dans les bons ensembles.

Les jumeaux

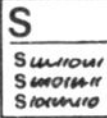

Cherche dans le cadre les mots qui ont la même signification que ceux écrits ci-dessous. Ecris les mots entre parenthèses et fais-en une phrase.

	commander	
triste		joyeux
	briser	
illustration		mourir
	air	
loupe		diminution
	pendant	
signal		médecin
	remarquer	
auto		tourner
	instant	

gai (= ....) : ....

voiture (= ....) : ....

mélodie (= ....) : ....

réduction (= ....) : ....

malheureux (= ....) : ....

signe (= ....) : ....

casser (= ....) : ....

docteur (= ....) : ....

diriger (= ....) : ....

moment (= ....) : ....

lentille (= ....) : ....

décéder (= ....) : ....

voir (= ....) : ....

dessin (= ....) : ....

durant (= ....) : ....

virer (= ....) : ....

Objectif: associer des synonymes et les utiliser dans des phrases.

Qui paye?

Peux-tu remplir ce chèque? Tu peux choisir le montant à payer, la devise, etc.

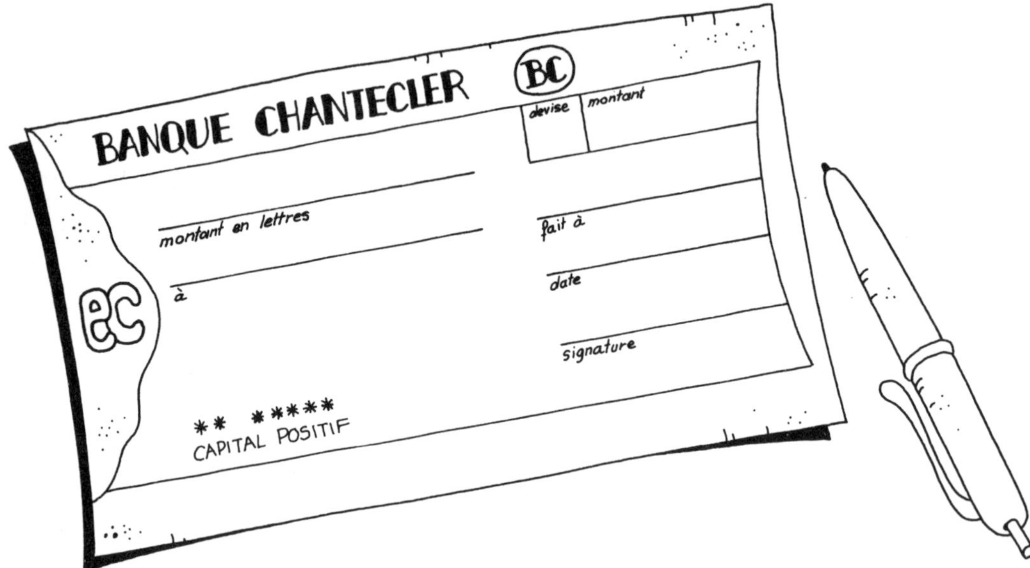

Ecris ces montants en toutes lettres. Sais-tu de quelle devise il s'agit.

626 FF ....

14 FB ....

37 $ US ....

449 FLUX ....

877 DM ....

1034 £ ....

2119 FS ....

3645 LIT ....

4253 FL ....

5370 DR ....

11421 PTA ....

Objectif: écrire des nombres en toutes lettres et reconnaître différentes devises.

Quel est le contenu?

Convertis les contenus en cl, en dl ou en l.

1 l
= .... dl
= cl

1000 cl
= .... dl
= l

250 dl
= l
= cl

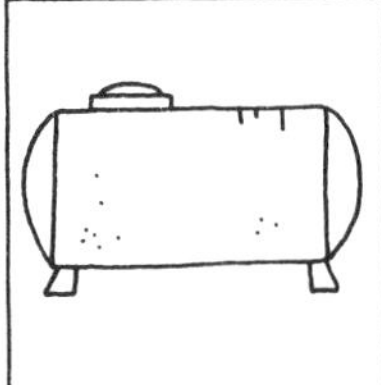

2 400 l
= .... dl
= cl

11,25 dl
= cl
= l

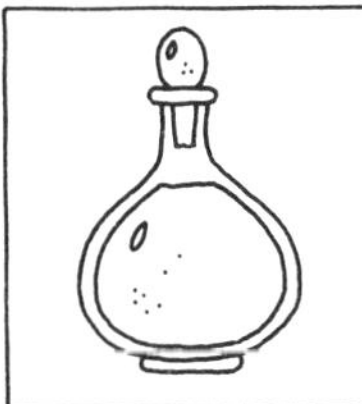
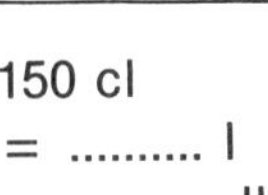

150 cl
= l
= .... dl

25 cl
= .... dl
= l

0,30 l
= .... dl
= cl

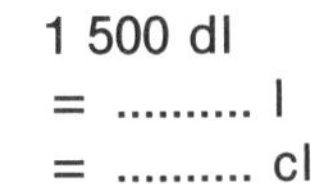

1 500 dl
= l
= cl

558 cl
= .... dl
= l

Peux-tu également faire cet exercice?
Quelle baignoire contient le plus d'eau?

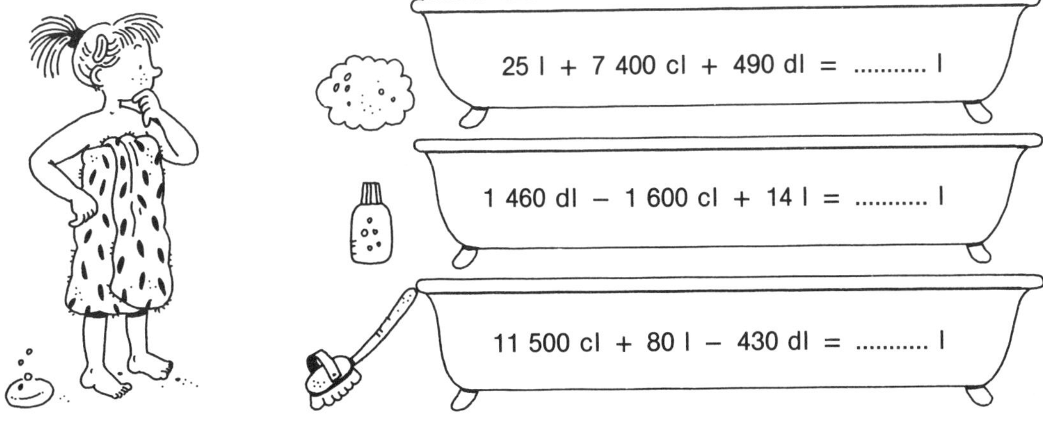

Objectif: bien comprendre les différentes mesures de contenus.

Vive la neige!

? Peux-tu résoudre ces quelques problèmes?

Avec 16 boules de neige, Sylvie et Axel ont formé 4 tas. Si tu mets le deuxième et le troisième tas ensemble, tu obtiens autant de boules que si tu ajoutes le premier au quatrième.
Il y a trois boules de neige dans le premier tas et une boule de plus dans le deuxième.
Peux-tu dire combien de boules de neige il y a dans chaque tas?

....

....

....

Thibault, Martine et Julie jouent dans la neige. A quatre heures, ils doivent rentrer à la maison.
"Oh! Nous devons rentrer, il est déjà quatre heures", s'écrie Martine. La montre de Julie indique deux heures et celle de Thibault trois heures. Personne ne sait quelle heure il est vraiment.
Une des montres retarde d'une heure, une autre est une heure en avance et la dernière indique l'heure juste. Sais-tu quelle heure il est?

....

....

....

Objectif: résoudre des problèmes.

Je compte en parlant

Classe les adjectifs numéraux de ces phrases dans les bonnes colonnes.

Tu trouveras les deux lettres dans le tiroir du milieu.
Il ne restait plus qu'une place libre à la dernière rangée.
Eric habite l'appartement du troisième étage.
Il avait marché trois jours et n'avait encore rien mangé.
On marquait déjà le deuxième but après huit minutes de jeu.
Papa aime beaucoup la neuvième symphonie de Beethoven.
Le train à destination de Lyon part à sept heures de la voie cinq.
Veux-tu dire immédiatement aux garçons de la huitième rangée de mettre leur manteau.
Le pauvre clochard n'avait pas assez d'argent pour s'acheter une bouteille de vin.
Tu te lèveras au premier arrêt, pour l'instant tu t'assieds.
Cette vieille dame trébuche en sortant de l'ascenseur, au quatrième étage.
Cette facture doit être payée le douze mars.
Nous fêterons le quatre-vingt-cinquième anniversaire de grand-père le six mars.
Le dernier jour de l'année, tu recevras au moins cinquante lettres.

Adjectif numéral cardinal	Adjectif numéral ordinal
....	....
....	....
....	....
....	....
....	....
....	....
....	....
....	....
....	....
....	....
....	....

Objectif: distinguer les adjectifs numéraux cardinaux des adjectifs numéraux ordinaux.

Conjuguons!

Ecris le participe présent et le participe passé des verbes

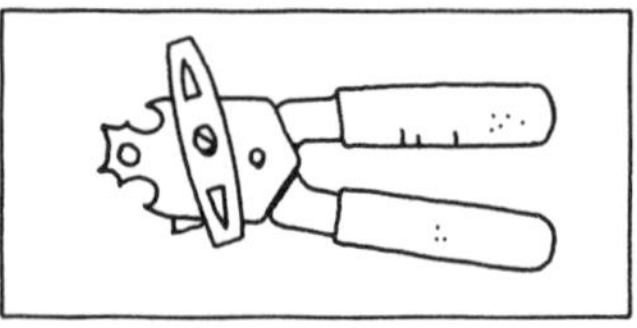

ouvrir

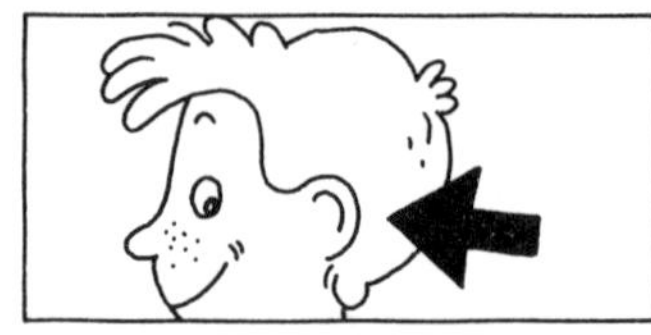

entendre

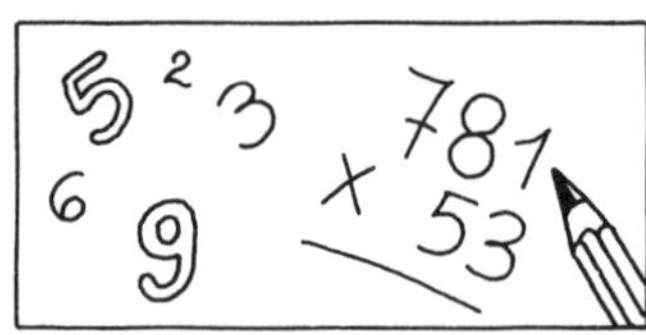

calculer

voir

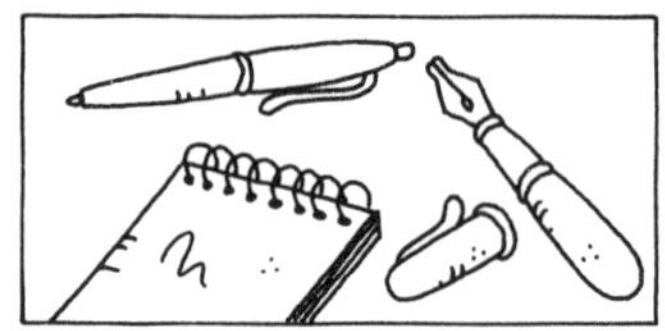

écrire

payer

chanter

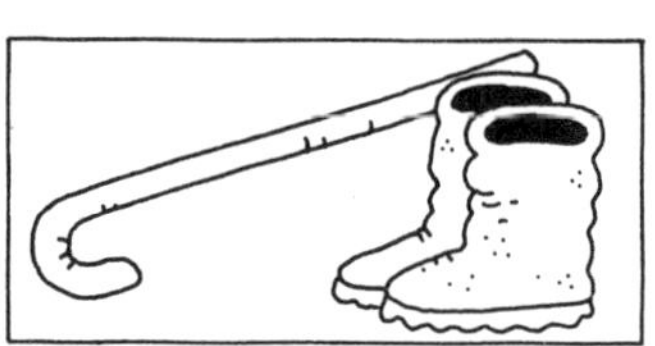

se promener

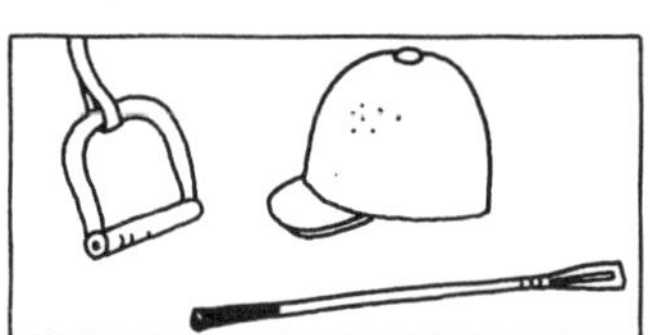

monter

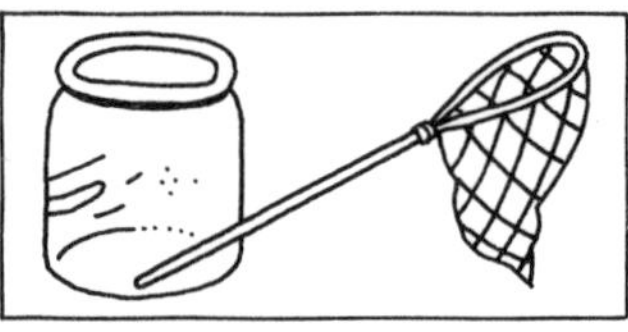

pêcher

offrir

cuisiner

Objectif: écrire le participe présent et le participe passé de différents verbes.

L'arbre généalogique

Regarde bien l'arbre généalogique et ensuite, trace les bonnes flèches.

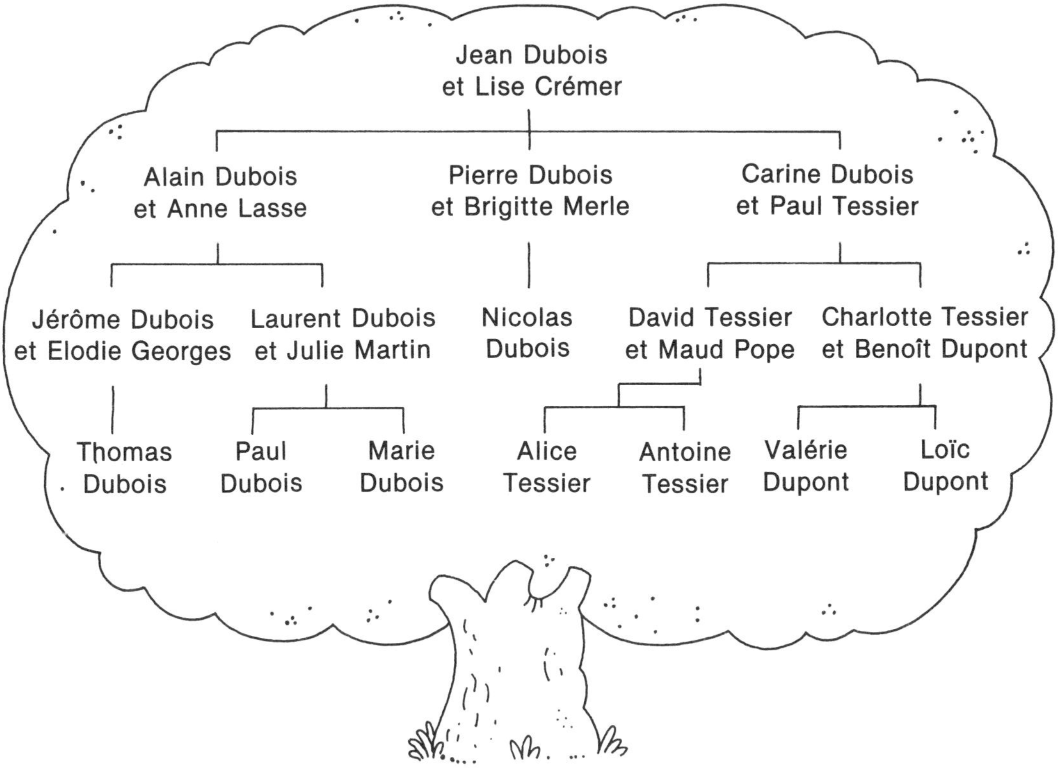

Jean Dubois
et Lise Crémer

Alain Dubois
et Anne Lasse

Pierre Dubois
et Brigitte Merle

Carine Dubois
et Paul Tessier

Jérôme Dubois
et Elodie Georges

Laurent Dubois
et Julie Martin

Nicolas
Dubois

David Tessier
et Maud Pope

Charlotte Tessier
et Benoît Dupont

Thomas
Dubois

Paul
Dubois

Marie
Dubois

Alice
Tessier

Antoine
Tessier

Valérie
Dupont

Loïc
Dupont

R1: en A: .... a pour père .... (bleu)

R2: en A: .... a pour fils .... (vert)

R3: en A: .... a pour grand-mère .... (rouge)

R1: en B: .... a pour cousin .... (bleu)

R2: en B: .... a pour cousine .... (vert)

R3: en B: .... a pour frère .... (rouge)

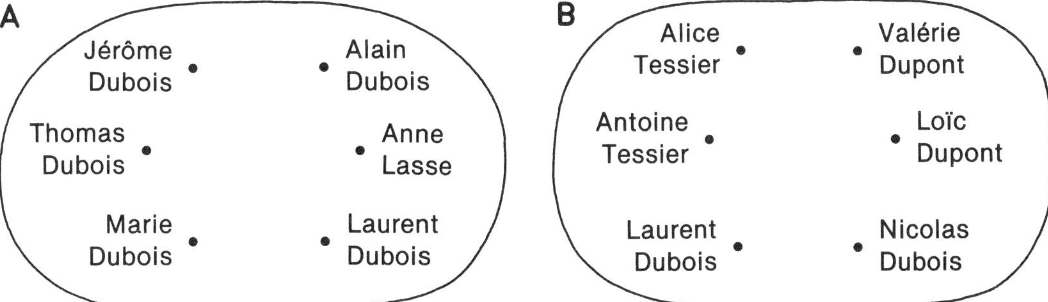

Objectif: découvrir les relations entre différents éléments.

Les ensembles

Ecris les éléments de ces ensembles. Ensuite, complète les diagrammes de Venn et réponds aux questions.

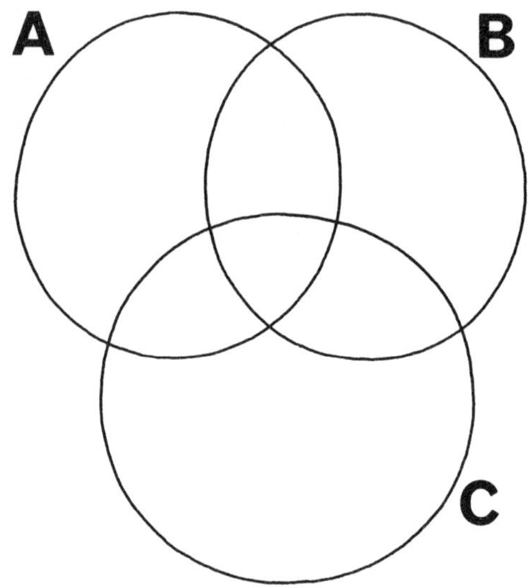

A = {les diviseurs de 18} = {.....................}

B = {les diviseurs de 21} = {.....................}

C = {les diviseurs de 25} = {.....................}

A ∩ B = { .... }

C / A = { .... }

B ∩ C = { .... }

B / A = { .... }

C ∩ A = { .... }

Ecris les éléments de ces ensembles dans les diagrammes de Venn. Ensuite, tu pourras répondre aux questions.

D = {les nombres premiers < 20}

E = {les nombres non-premiers < 9}

F = {les diviseurs de 24}

D ∩ E = {..........}

E / F = {..........}

D ∪ F = {..........}

E ∩ F = {..........}

D

E

F

Objectif: bien comprendre la notion d'ensemble.

En voyage!

Ce pilote parcourt le monde entier. Ci-dessous tu peux découvrir les pays qu'il a déjà visités. Aide-le à compléter l'exercice.

Du vin de France ou du vin français.

Du fromage des Pays-Bas ou du fromage ....

Des tulipes d'Amsterdam ou des tulipes ....

Des frites de Belgique ou des frites ....

Un toréador d'Espagne ou un toréador ....

Des brioches du Danemark ou des brioches ....

Un kimono du Japon ou un kimono ....

Un service à thé de Chine ou un service à thé ....

Du café du Brésil ou du café ....

Un tigre de Sibérie ou un tigre ....

Un couturier de Paris ou un couturier ....

Un kangourou d'Australie ou un kangourou ....

Un temple de Grèce ou un temple ....

De l'ivoire d'Afrique ou de l'ivoire ....

De la vodka de Russie ou de la vodka ....

Un kilt d'Ecosse ou un kilt ....

Un chêne d'Amérique ou un chêne ....

Un bûcheron du Canada ou un bûcheron ....

Un artiste de Madrid ou un artiste ....

De la dentelle de Bruxelles ou de la dentelle ....

Objectif: connaître les formes dérivées de noms de villes et de pays.

La chasse aux papillons

Ecris les mots au pluriel et classe-les dans la bonne cage, selon qu'ils prennent x ou s au pluriel.

Objectif: connaître les règles de formation du pluriel des noms.

Qui est le gagnant?

+ − : ×

Un de ces quatre coureurs a gagné la course. Il porte le dossard 173. Pour le découvrir, effectue ces divisions et ajoute 4 au résultat.

Objectif: effectuer des divisions.

Les soldes

+ − : ×

Lors d'une braderie, tu peux acheter à prix réduits. Cherche d'abord les prix dans un catalogue, et ensuite calcule combien tu paieras avec la réduction.

Article	Prix normal	Réduction	A payer
skateboard	....	20%	....
casque	....	10%	....
genouillère	....	12,5%	....
ballon de football	....	25%	....
ballon de basket	....	50%	....
maillot de bain	....	6%	....
raquette de ping-pong	....	5%	....
raquette de tennis	....	9%	....

Objectif: calcul de pourcentages.

De l'ordre!

Range les livres du haut par ordre alphabétique sur l'étagère du bas.

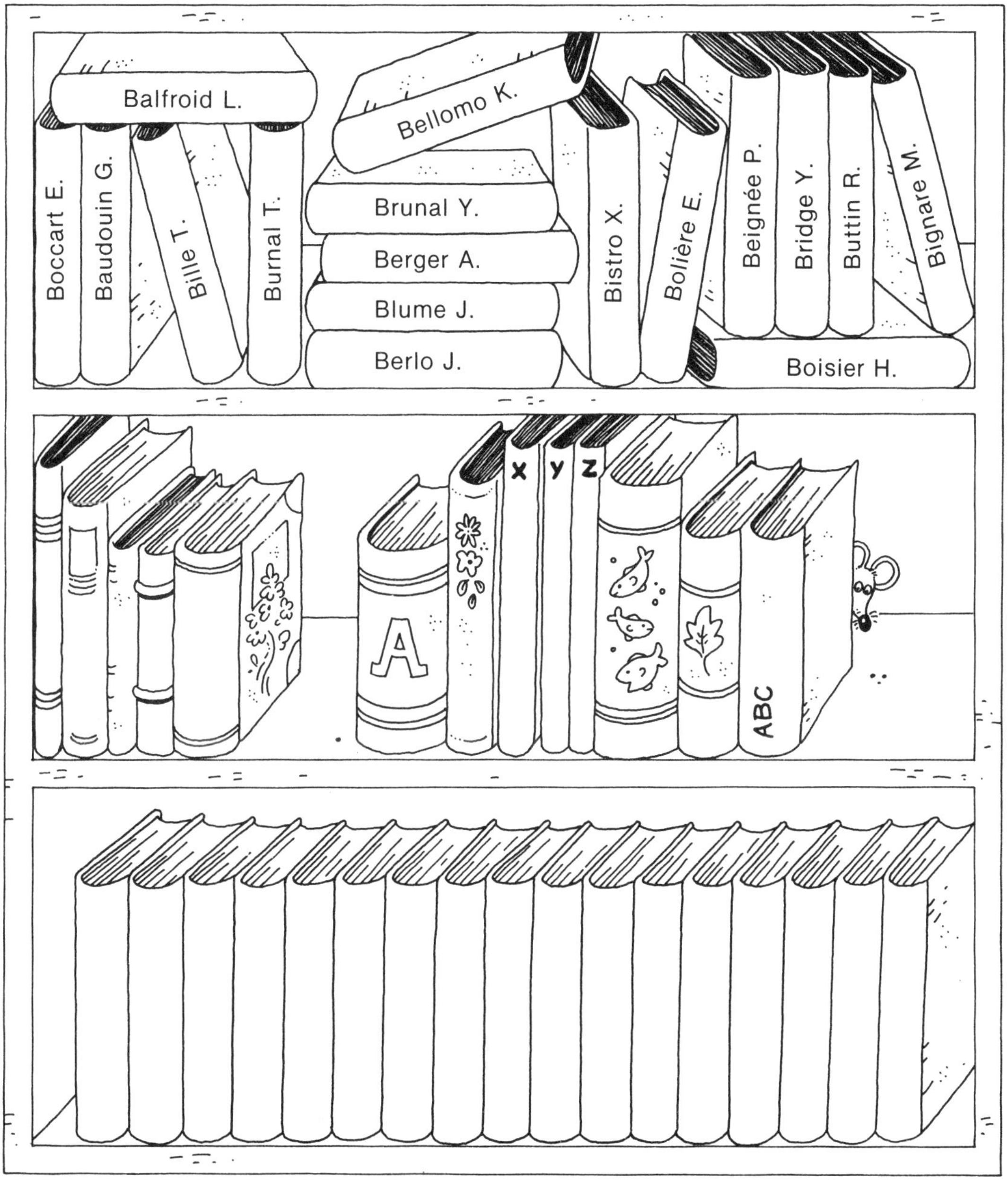

Balfroid L.
Boccart E.
Baudouin G.
Bille T.
Burnal T.
Bellomo K.
Brunal Y.
Berger A.
Blume J.
Berlo J.
Bistro X.
Bolière E.
Beignée P.
Bridge Y.
Buttin R.
Bignare M.
Boisier H.

A
X Y Z
ABC

Objectif: classer des mots par ordre alphabétique.

Podium

Complète les marches comme l'exemple te le montre. Donne le substantif et l'adverbe.

fort — la force — fortement (1)

bon — .... — ....

mou — .... — ....

grand — .... — ....

méchant — .... — ....

brave — .... — ....

large — .... — ....

joli — .... — ....

habile — .... — ....

petit — .... — ....

prudent — .... — ....

Objectif: trouver un substantif et un adverbe à partir d'un adjectif.

Eratosthène

123 Eratosthène a voulu découvrir tous les nombres premiers (qui ne peuvent être divisés que par eux-mêmes ou par 1). Pour l'aider, entoure ces nombres.

Objectif: bien comprendre la notion de nombre premier.

Le calendrier

Regarde attentivement ce calendrier et réponds aux questions.

Combien de mois comptent 30 jours? Lesquels? ....

....

Cette feuille de calendrier est celle du mois d'avril. Le 5 mai tombe quel jour?

....

Quels jours serons-nous le 12 mai et le 19 mai? ....

Jean fête son anniversaire le 25 et Sophie le 19 mars. Quels jours étaient-ce?

....

Le mois passé, Jean a été malade du 14 au 21 mars inclus. Combien de jours étaient-ce? ....

Les vacances commencent le 1 juillet. Quel jour est-ce? ....

Objectif: calculer avec les jours, les semaines et les mois.

Vive les vacances!

Dans ce texte, il manque les majuscules. Recopie tous les mots qui commencent par une majuscule sous le dessin.

ce matin, thomas dupont se lève très tôt. il fait encore sombre dans la rue du houblon. ce soir, 15 décembre, le jour de son anniversaire, il prendra le train pour l'autriche. hier, thomas s'est rendu à la banque avec son papa pour changer de l'argent français en argent autrichien.
ah, si seulement thomas pouvait déjà être dans les alpes!
heureusement, il sait beaucoup de choses sur l'autriche. au cours de géographie, il a appris que vienne en était la capitale et qu'un grand fleuve, le danube, la traversait. thomas sait également que les autrichiens parlent l'allemand. il a demandé à mademoiselle martin, le professeur de langue, de lui apprendre quelques mots. ainsi il ne restera pas muet durant son séjour et il pourra même se trouver des amis autrichiens.

phrase 1: ....

phrase 2: ....

phrase 3: ....

phrase 4: ....

phrase 5: ....

phrase 6: ....

phrase 7: ....

phrase 8: ....

phrase 9: ....

phrase 10: ....

Objectif: connaître l'emploi des majuscules.

Coco est bien assis?

Transforme les phrases déclaratives en phrases interrogatives.

Le perroquet s'était presque échappé de sa cage.

....

Demain matin Justine ira de nouveau à l'école.

....

Le piano doit être accordé.

....

Hier tu fêtais ton onzième anniversaire.

....

La bande des quatre écoutait attentivement le top 50 à la radio.

....

On étudiait encore au mois de juin dans la classe de Pierre.

....

Le camion de déménagement stationnait déjà dans la rue à 7 heures.

....

Avant d'aller se coucher, chacun recevait un baiser d'oncle Jean.

....

Un peu plus tard, le papa de Luc entrait avec une énorme tarte.

....

Jérôme résoud toujours le premier les questions difficiles.

....

Votre instituteur était de très mauvaise humeur la semaine dernière.

....

François joue du piano à l'école de musique depuis deux ans.

....

Demain, nous irons toute la journée à la plaine de jeux.

....

Objectif: transformer des phrases déclaratives en phrases interrogatives.

Les coffres-forts

Une seule combinaison de chiffres permet d'ouvrir chaque coffre. Peux-tu découvrir toutes les combinaisons.

Objectif: multiplier des nombres naturels.

La compétition d'athlétisme

? Chaque athlète a plusieurs essais. Peux-tu calculer les moyennes de chacun.

Au saut en hauteur, Henri a franchi successivement les hauteurs suivantes: 2 mètres 09, 2 mètres 11, 2 mètres 15, 2 mètres 20, 2 mètres 25.
A quelle hauteur Henri saute-t-il en moyenne?

....

....

Au saut en longueur, Antoine a franchi successivement les distances suivantes: 7 mètres 60, 7 mètres 30, 7 mètres 25, 7 mètres 64, 7 mètres 50, 7 mètres 71.
Quelle distance moyenne Antoine a-t-il sauté?

....

....

Le javelot de Didier a parcouru successivement les distances suivantes: 68 mètres 45, 74 mètres 66, 72 mètres 25, 82 mètres 28, 81 mètres 91.
Quelle distance moyenne le javelot a-t-il atteinte?

....

....

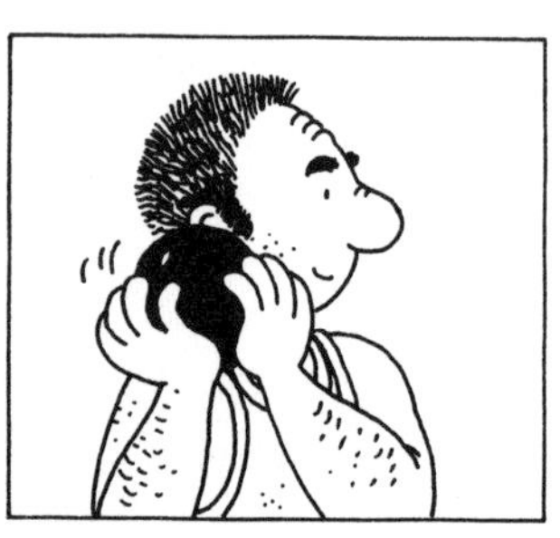

Julien a lancé successivement le poids à ces distances: 19 mètres 25, 19 mètres 44, 22 mètres 18, 0 mètres (lancer fautif), 20 mètres 54, 0 mètres (lancer fautif).
Quelle distance moyenne le poids a-t-il atteinte?

....

....

Objectif: calculer les moyennes

Le serpent glouton

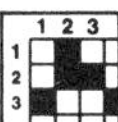

Complète le serpent à l'aide de noms d'animaux de façon à ce que la dernière lettre de chaque animal soit la première de l'animal suivant.

serpent

tigre

Objectif: chercher des noms d'animaux et être créatif.

Une langue étrange

Les voyelles de ces proverbes ont disparu! Ecris chaque fois le proverbe entier sur les pointillés.

n n ft ps d'mltt sns cssr d'fs.

....

....

q vl n f vl n bf.

....

....

prs l clm l tmpt.

....

....

mfz - vs d l' q drt.

....

....

l'hbt n ft ps l mn.

....

....

q drt dn.

....

....

l'rgnt n ft ps l bnhr.

....

....

n hrndll n ft ps l prntmps.

....

....

q chrch trv.

....

....

rn n srt d crr, l ft prtr tmps.

....

....

Objectif: reconnaître des proverbes et des citations.

La plongée sous-marine

Cherche le temps qui reste au plongeur lorsqu'il arrive en A, en B et en C. Exprime ce temps sous forme de fraction et en pourcentage.

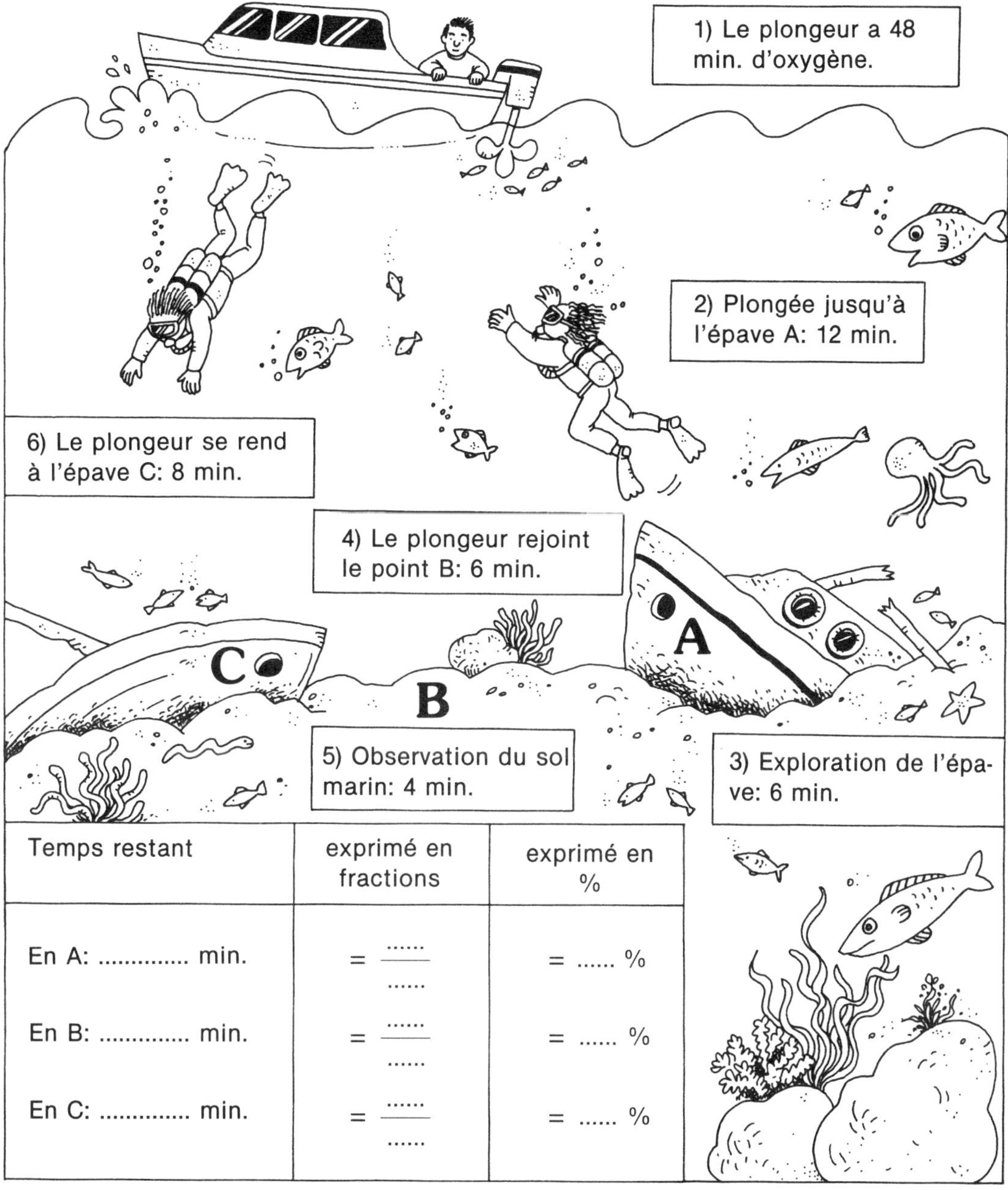

Temps restant	exprimé en fractions	exprimé en %
En A: .... min.	= ...... /	= ...... %
En B: .... min.	= ...... /	= ...... %
En C: .... min.	= ...... /	= ...... %

Objectif: savoir convertir des fractions en pourcentages.

Lourd ou léger?

Transforme les poids de ces objets en kg, hg, dag ou g.

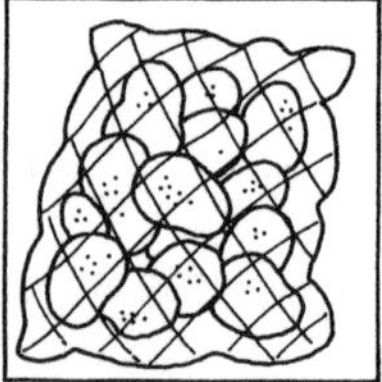				
 25 kg	25 dag	1200 kg	1100 hg	3400 dag
= .... dag	= .... g	= .... hg	= .... kg	= .... g
= .... hg	= .... kg	= .... dag	= .... dag	= .... kg

	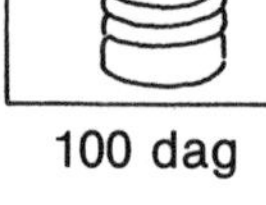		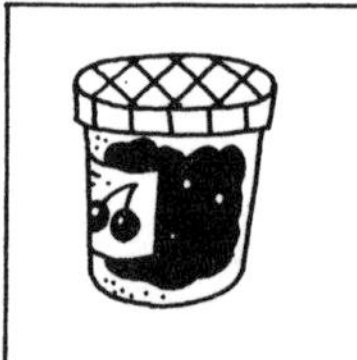	
0,65 kg	100 dag	500 hg	500 g	12000 g
= .... dag	= .... g	= .... kg	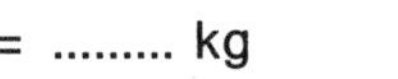 = ... kg	= .... kg
= .... hg	= .... kg	= .... g	= .... hg	= .... dag

Peux-tu résoudre ce problème?

Anne et Cathy se promènent à la campagne. Dans le sac de Anne, il y a une boîte de limonade au citron (35 dag) et un pique-nique (400 g). Cathy a deux imperméables (0,65 kg) et un livre sur la nature (350 g) dans son sac.

Combien pèse le sac de Anne? .... g

Combien pèse le sac de Cathy?............ g

Qui porte le sac le plus lourd? ....

Objectif: connaître les mesures de poids.

Ni queue ni tête?

Complète les mots de telle manière que la fin du premier mot soit le début du second.

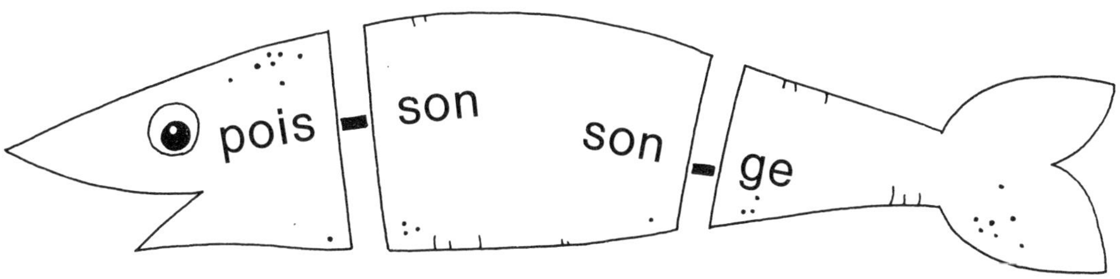

kangou	.... ler	ment
tourne	.... ière	cin
sirè	.... ttoyage	fle
ti	.... sse	rou
imperméa	.... ssure	vain
pantou	.... uve	lon
domi	.... isette	vis
panta	.... gueur	port
mau	.... selle	son
dyna	.... teur	vais
four	.... crobe	ne
médica	.... eur	can
péli	.... ard	cher
mou	.... neau	mo
écri	.... ement	gan
clo	.... cher	no
clave	.... tre	mi
héris	.... nette	tre
oura	.... gster	ton
trans	.... ier	ble

Objectif: reconnaître des mots commençant et finissant par la même syllabe.

Quelle langue parlent-ils?

Voici plusieurs capitales. Peux-tu dire quelles langues on parle dans leur pays.

1. Bruxelles
2. Luxembourg
3. Amsterdam
4. Londres
5. Dublin
6. Paris
7. Copenhague
8. Stockholm
9. Berne
10. Rome
11. Madrid
12. Lisbonne
13. Vienne
14. Bonn

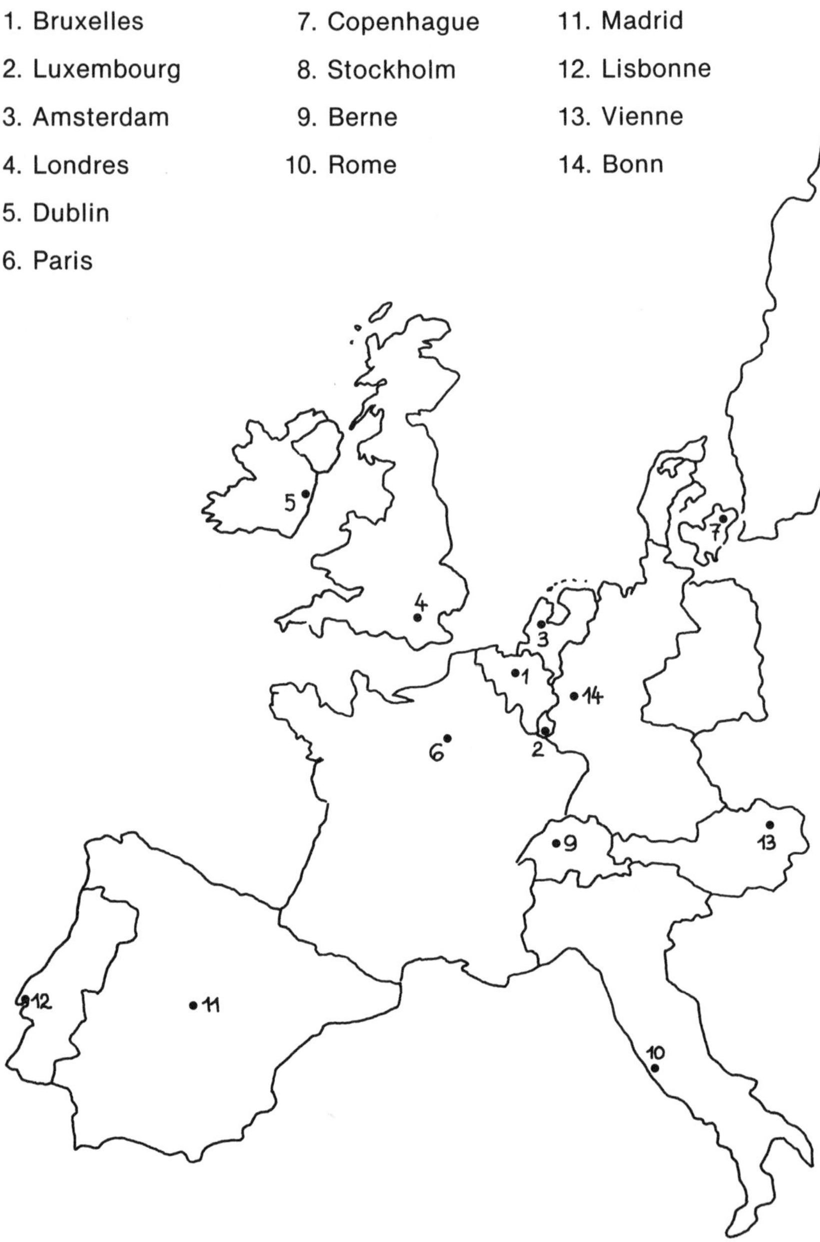

1. ....

2. ....

3. ....
4. ....
5. ....
6. ....
7. ....
8. ....
9. ....

10. ....
11. ....
12. ....
13. ....
14. ....

Objectif: connaître les différentes langues parlées en Europe.

La course

Peux-tu exprimer la distance parcourue par chaque bateau en %?

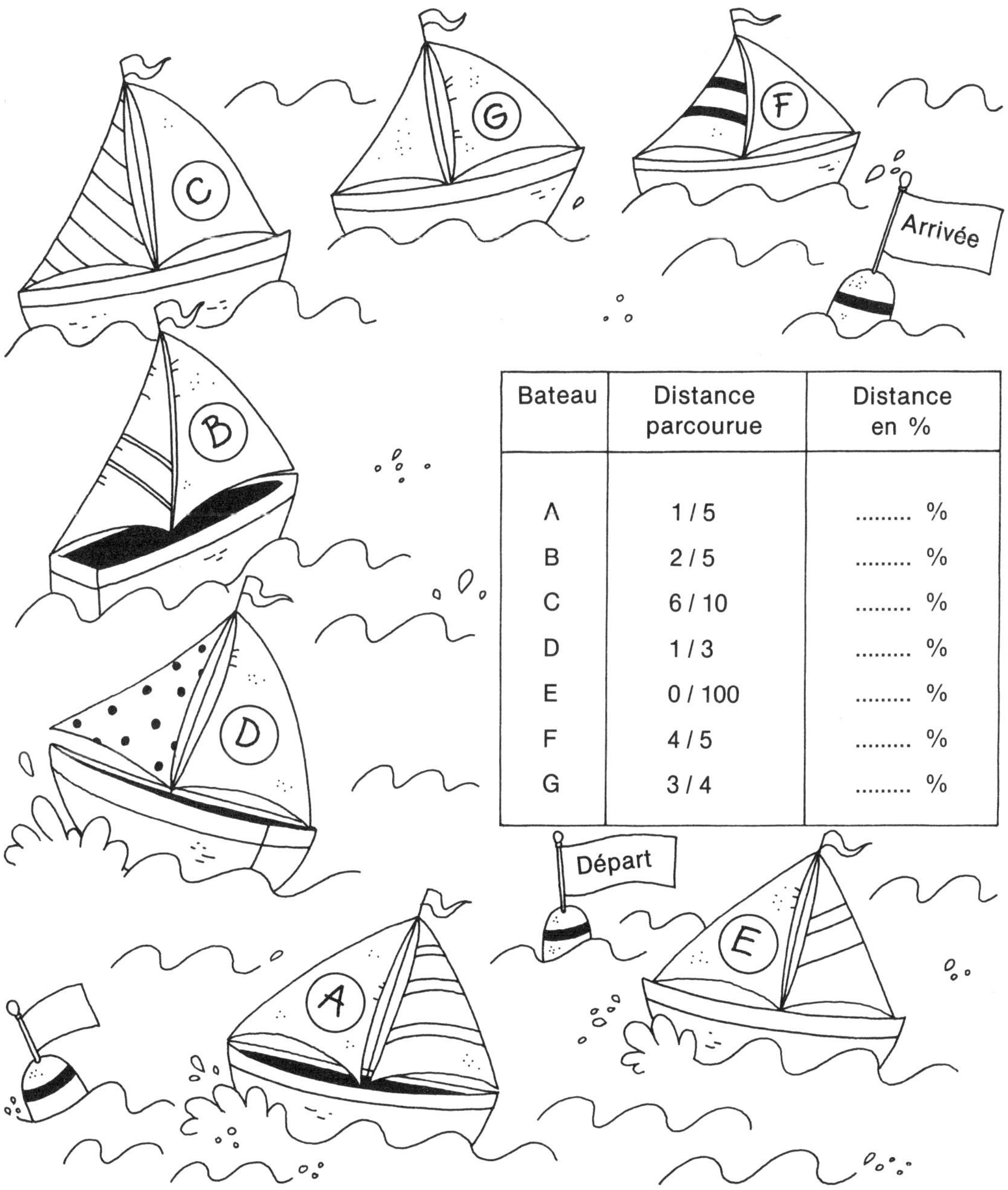

Bateau	Distance parcourue	Distance en %
A	1 / 5	.... %
B	2 / 5	.... %
C	6 / 10	.... %
D	1 / 3	.... %
E	0 / 100	.... %
F	4 / 5	.... %
G	3 / 4	.... %

Objectif: transformer des fractions en pourcentages.

Les papillons et les abeilles

Ecris les nombres 20, 30, 40, 50, 60, 70 et 80 dans les bons cercles. La somme des nombres de chaque ligne verticale ou diagonale doit être égale à 150.

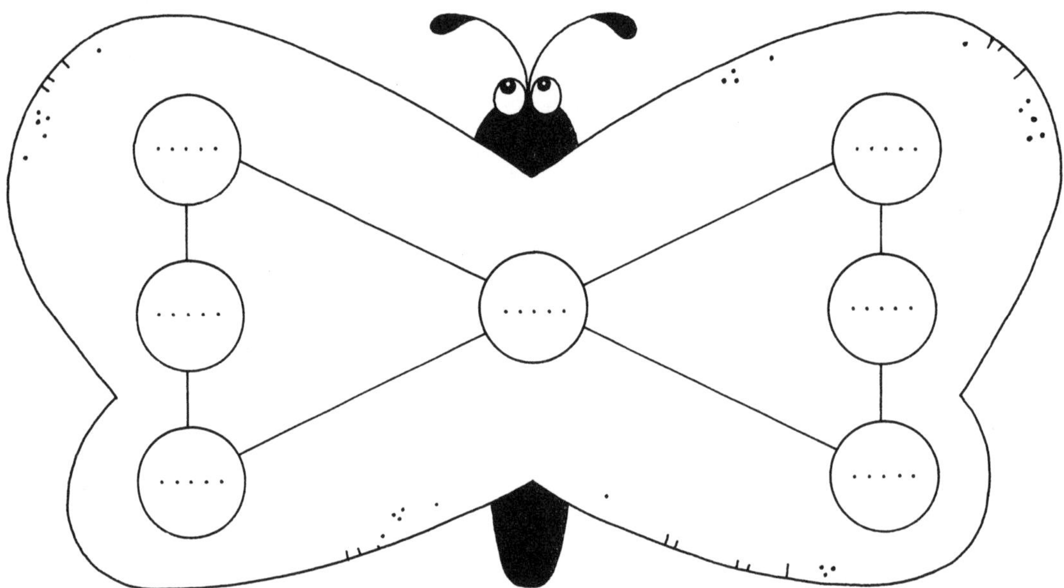

Regarde bien les rayons de miel. Sais-tu quels sont les nombres qui manquent?

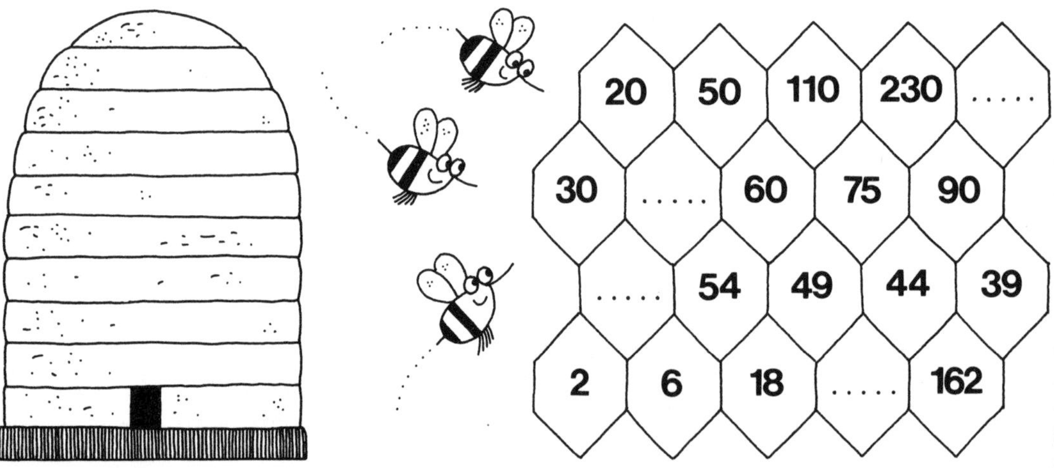

Objectif: exercice de calcul mental et de réflexion.

Une bande dessinée amusante

Complète les philactères afin que ta bande dessinée devienne une histoire drôle.

Objectif: composer un texte court à partir d'une situation donnée.

Petites annonces

En t'aidant de l'exemple ci-dessous, compose de nouvelles petites annonces.

Lustre

A vendre: magnifique lustre antique en cristal, état impeccable. Prix à convenir. Tél. après 18 heures: 0990/88.36.20.

Statue de marbre

....

....

....

Vélo de course

....

....

....

Divan

....

....

....

Appartement

....

....

....

Collection de tasses en porcelaine

....

....

....

Automobile

....

....

....

Télévision

....

....

....

Objectif: savoir rédiger une petite annonce en style télégraphique.

Les chiffres romains

123 Peux-tu déchiffrer les chiffres romains qui se trouvent sur les boucliers de ces légionnaires? Regarde attentivement les exemples.

Objectif: savoir lire les chiffres romains.

La lessive

Thomas et Aurélie font la lessive, mais ils ont quelques problèmes.
Peux-tu les aider?

Aurélie veut confectionner une corde à linge avec 3 morceaux de corde: un de 3 m 45 cm, un de 2 m 25 cm et un de 5 m 80 cm. Quelle sera la longueur totale de la corde, si elle raccourcit de 7,5 cm par nœud?

....

Combien de mouchoirs de 40 × 40 cm Aurélie peut-elle y pendre?

....

Cette corde à linge mesure 7 m 80 cm. Combien de serviettes de 50 x 50 cm Thomas peut-il y pendre?

....

Combien de pinces à linge a-t-il besoin, si il en utilise trois pour deux serviettes, quatre pour trois serviettes...?

....

Cette machine à laver pèse 87 kg. Lorsque Aurélie l'a remplie de vêtements et d'eau, elle pèse 95,7 kg.
Peux-tu exprimer cette augmentation de poids en kg?

....

Peux-tu exprimer cette augmentation de poids en %?

....

Objectif: résoudre des problèmes.

Messages secrets

Que signifient les abréviations suivantes? Aide-toi de ton dictionnaire si nécessaire.

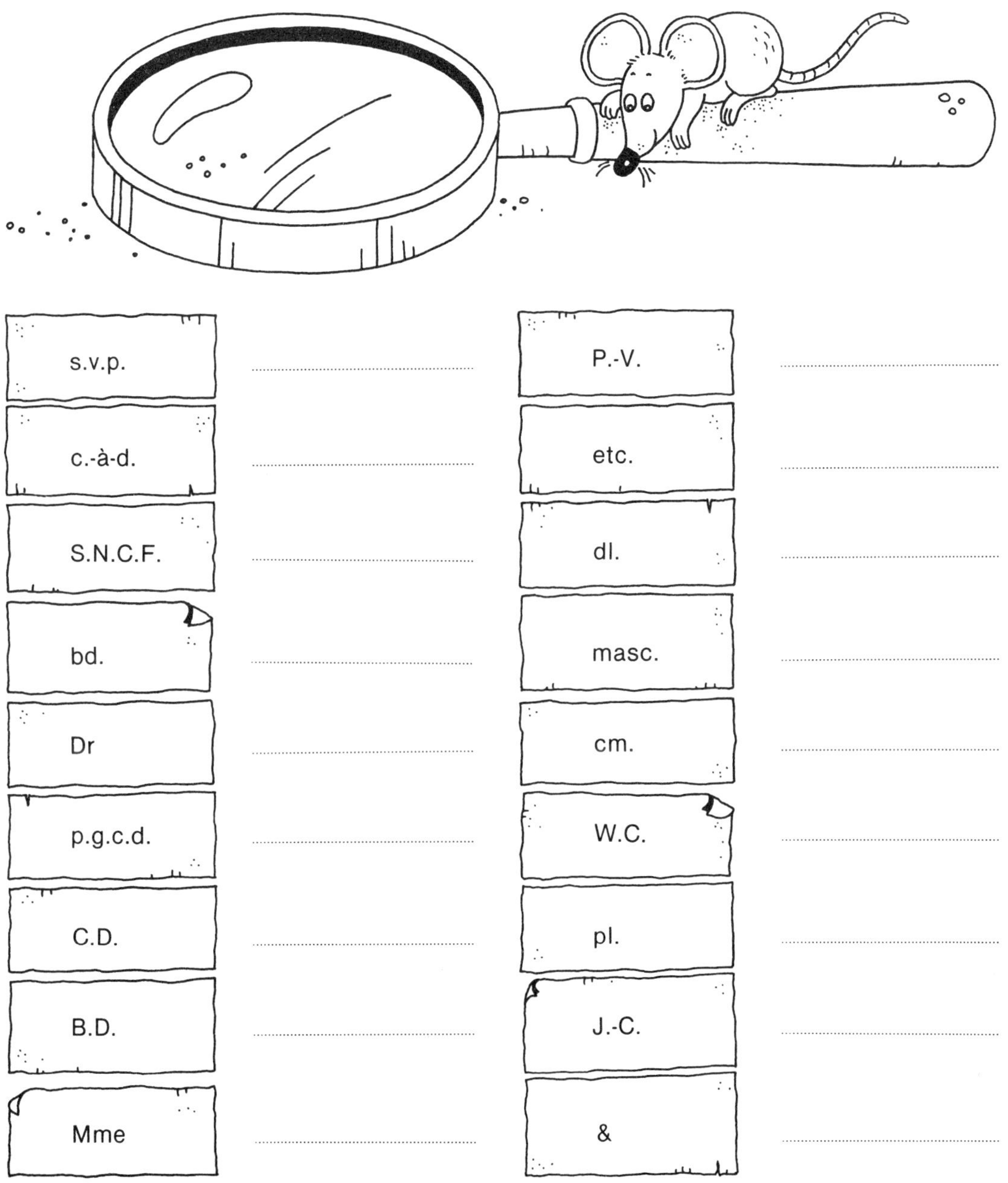

Objectif: connaitre la signification de quelques abréviations courantes.

Du sel dans la soupe

Place le tréma là où il est nécessaire. Ecris ensuite les mots dans la bonne colonne.

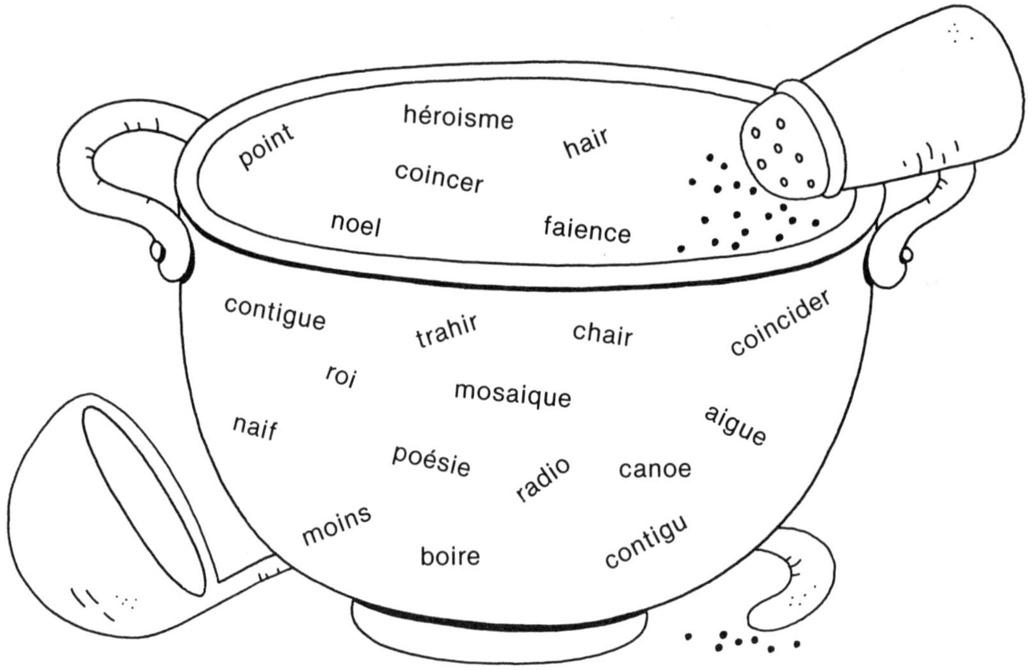

Mots sans tréma	Mots avec un tréma
....	....
....	....
....	....
....	....
....	....
....	....
....	....
....	....
....	....
....	....

Objectif: savoir quand il faut utiliser le tréma.

L'ordinateur en panne!

+− :× Notre ordinateur est en panne. Peux-tu nous aider?
Effectue ces calculs mentalement.

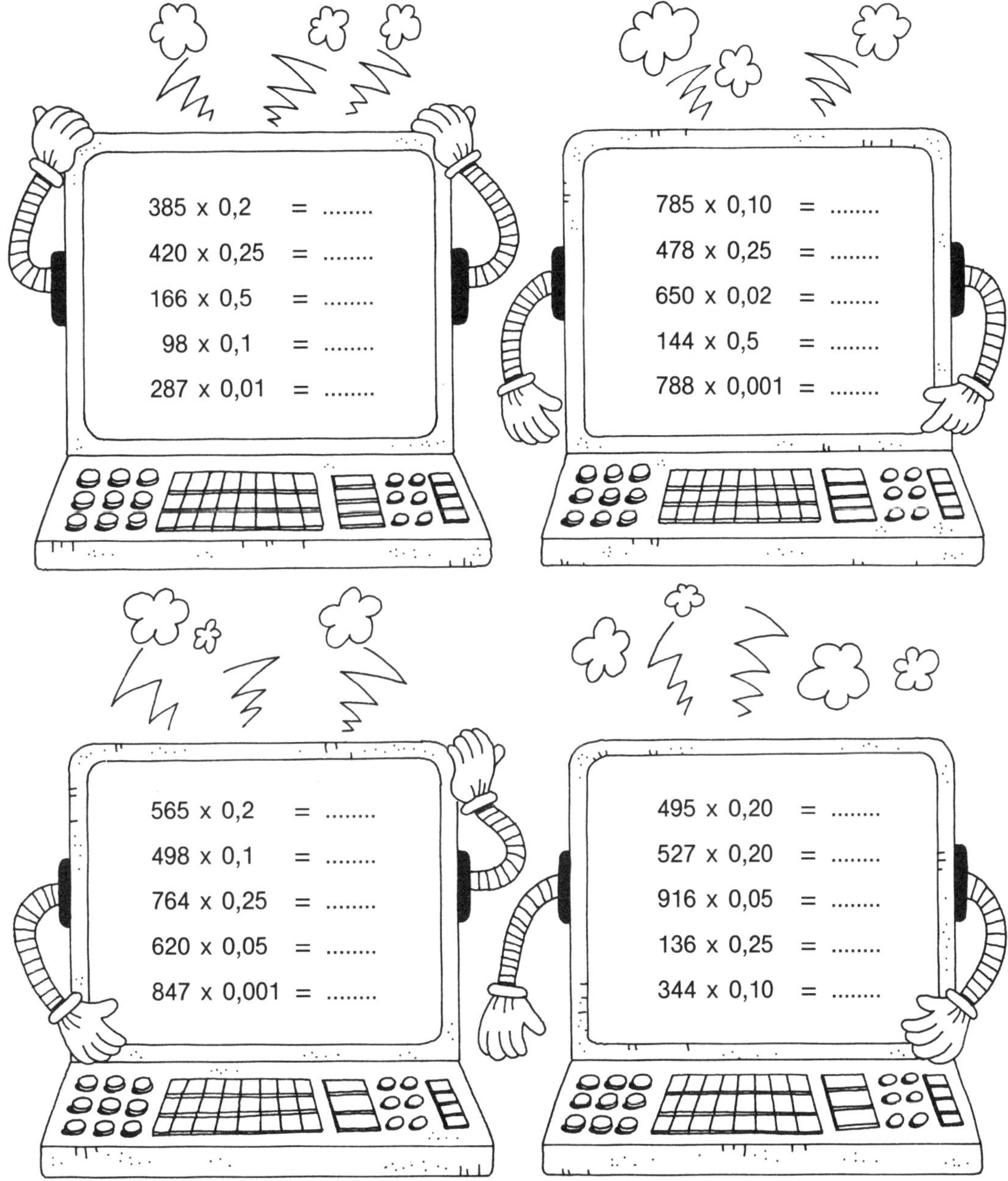

Objectif: multiplier en utilisant des nombres inférieurs à 1.

Vers le sommet

+ − : ×

Peux-tu calculer la différence d'altitude (en mètres) entre les différents camps? Complète le tableau.

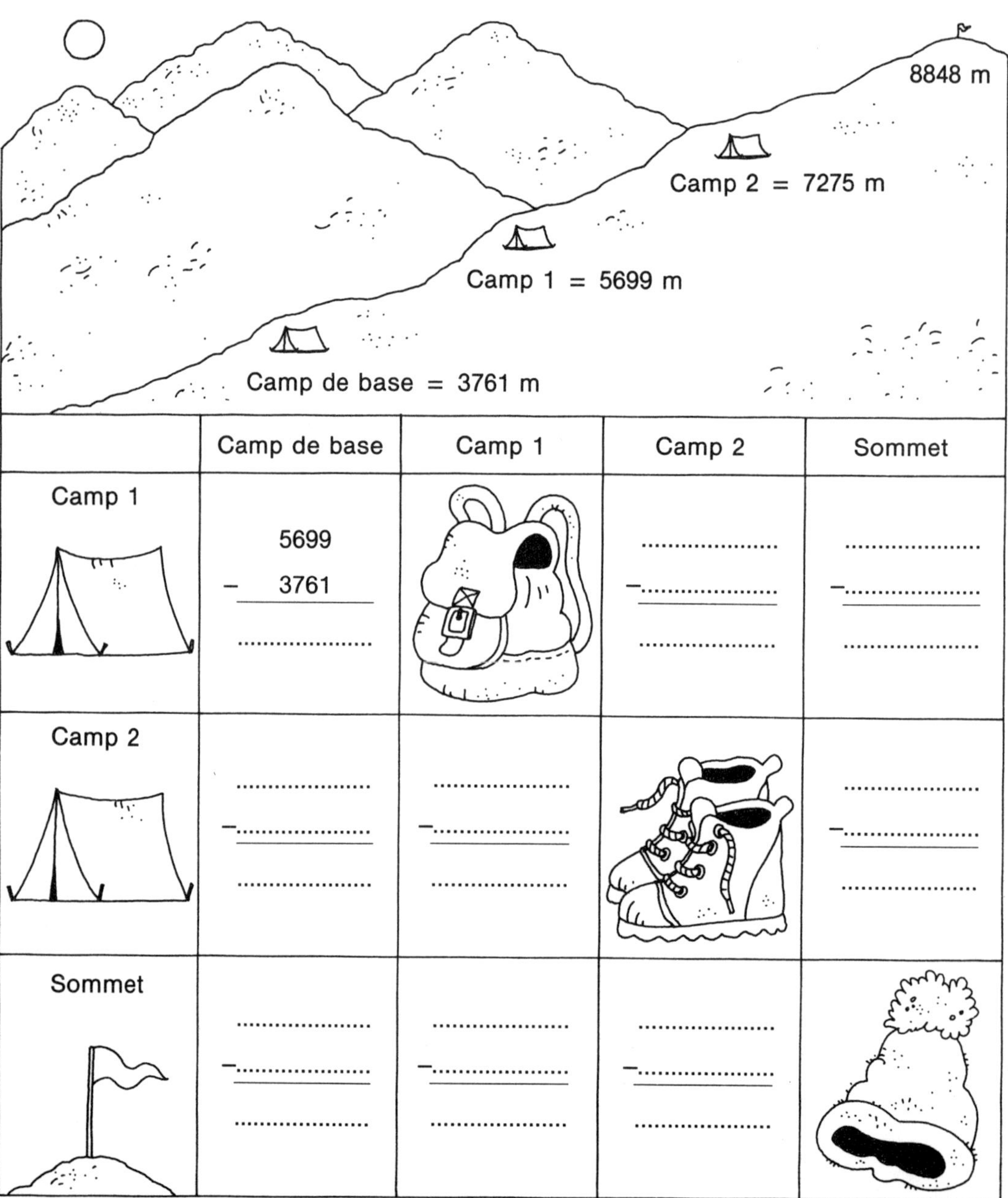

	Camp de base	Camp 1	Camp 2	Sommet
Camp 1	5699 − 3761		.... −	.... − ....
Camp 2	.... −	.... −		.... − ....
Sommet	.... −	.... −	.... −	

Objectif: utiliser un tableau pour calculer des différences.

Les livres

Conjugue les verbes des livres au passé simple, au futur simple et au conditionnel présent.

je sens
il va
tu connais
ils sont
je reçois
nous savons
vous avez
je vis
elle dit
tu lis
nous faisons
vous croyez
vous jouez
ils partent
elles voient
tu prends
nous écrivons

passé simple	futur simple	conditionnel présent

Objectif: conjuguer différents verbes au futur simple, au passé simple et au conditionnel présent.

Julie et Juliette

Les phrases de ce texte ne sont pas dans le bon ordre. Peux-tu réécrire le texte correct sur les pointillés.

Les déménageurs mettent les meubles dans le camion.
La famille Géront déménage demain.
"Il vaut mieux ne pas le lui dire", dit Julie en riant.
Julie et Juliette aident papa à tout emballer.
"Je pense que papa est moins fort qu'eux", répond Juliette.
Juste au moment où toutes les caisses sont prêtes, le camion de déménagement arrive.
Quand les déménageurs s'en vont, Julie s'écrie: "Oh la la! Comme ils sont forts!"
Pour ne pas les abîmer pendant le transport, elles les mettent dans des caisses.
Elles emballent tous les bibelots de leur chambre.

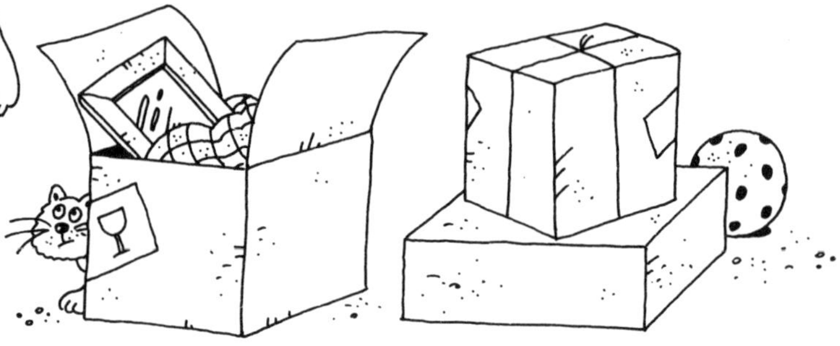

....

....

....

....

....

....

....

....

....

Objectif: bien comprendre un texte lu.

A la mer

Peux-tu dessiner les graphiques dans les couleurs demandées.

Les hôteliers de ces quatre hôtels ont calculé le nombre moyen de personnes qui avaient passé la nuit dans leur hôtel plusieurs saisons. Regarde le graphique de l'hôtel de la Plage et fais ensuite les graphiques des autres hôtels.

	Hôtel de la Plage	Hôtel Belle-Vue	Hôtel du Soleil	Hôtel des Brisants
print. 80	15	23	8	20
été 80	59	72	44	49
aut. 80	27	51	21	30
hiver 80	12	9	10	5
print. 81	31	32	12	9
été 81	68	77	39	50
aut. 81	29	41	28	32
hiver 81	23	19	9	12
print. 82	29	25	15	20
été 82	58	71	48	45
aut. 82	19	26	21	30
hiver 82	21	11	9	15

Dessine le graphique de l'Hôtel Belle-Vue en bleu.
Dessine le graphique de l'Hôtel du Soleil en rouge.
Dessine le graphique de l'Hôtel des Brisants en vert.

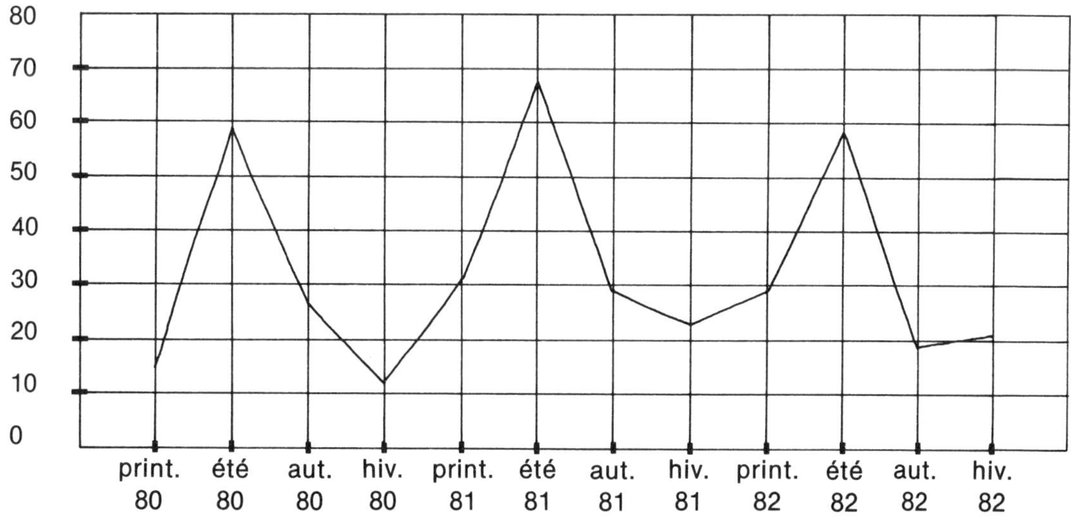

Objectif: apprendre à établir des graphiques.

Décorer le sapin de Noël

+− :×

Quelle est la valeur des deux étoiles de Noël? Suis les flèches entre les boules de Noël et effectue les calculs.

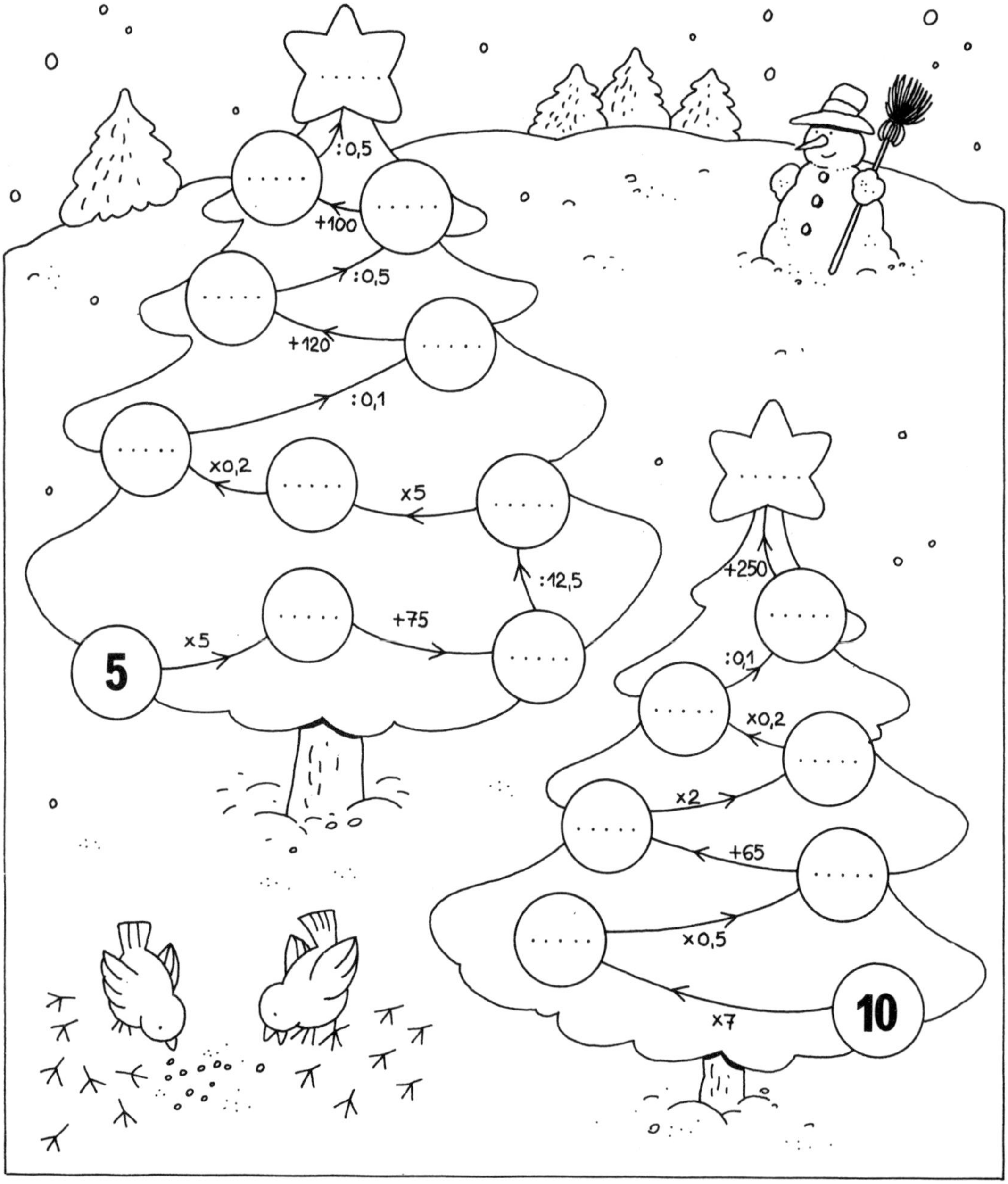

Objectif: exercice de calcul mental.

En ville

Ecris les verbes des six premières phrases au présent et ceux des six dernières phrases à l'imparfait.

La ville .... (être) animée aujourd'hui.

Beaucoup de gens .... (se dépêcher) de rentrer chez eux.

Un agent .... (régler) la circulation.

Malgré cela, deux voitures .... (se tamponner).

Nous .... (s'attendre) au pire.

Mais il n'y .... (avoir) pas de blessés.

Cela se passait hier...

La ville .... (être) animée aujourd'hui.

Beaucoup de gens .... (se dépêcher) de rentrer.

Un agent .... (régler) la circulation.

Malgré cela, deux voitures .... (se tamponner).

Nous .... (s'attendre) au pire.

Mais il n'y .... (avoir) pas de blessés.

Objectif: conjuguer des verbes au présent et à l'imparfait.

Ressemblances...

Complète ces citations avec des noms d'animaux et relie-les à leur signification.

Quand on parle du .... on en voit la queue. •

Etre gai comme un .... •

Etre comme un .... en pâte. •

Etre têtu comme un .... •

Etre fort comme un .... •

Se regarder en ....de faïence. •

Avoir une fièvre de .... •

Avancer comme un .... •

Une ....ne fait pas le printemps. •

Vendre la peau de l' ....avant de l'avoir tué. •

Etre nu comme un .... •

• Etre entêté, obstiné.

• Etre tout nu.

• Etre très lent.

• Avoir une forte fièvre.

• Etre de bonne humeur.

• Un seul exemple n'autorise pas de conclusion générale.

• Etre très costaud.

• Disposer d'une chose que l'on ne possède pas encore.

• Une personne survient au moment où l'on parle d'elle.

• Etre soigné, dorloté.

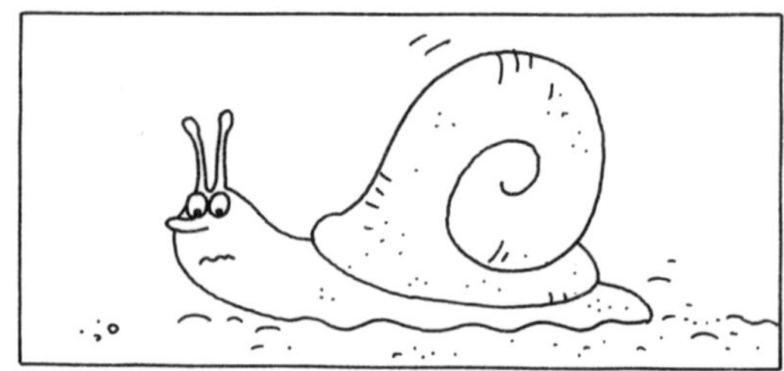

Objectif: connaître la signification de citations faisant intervenir les animaux.

Les animaux

Peux-tu découvrir le nombre qui manque dans chaque série?

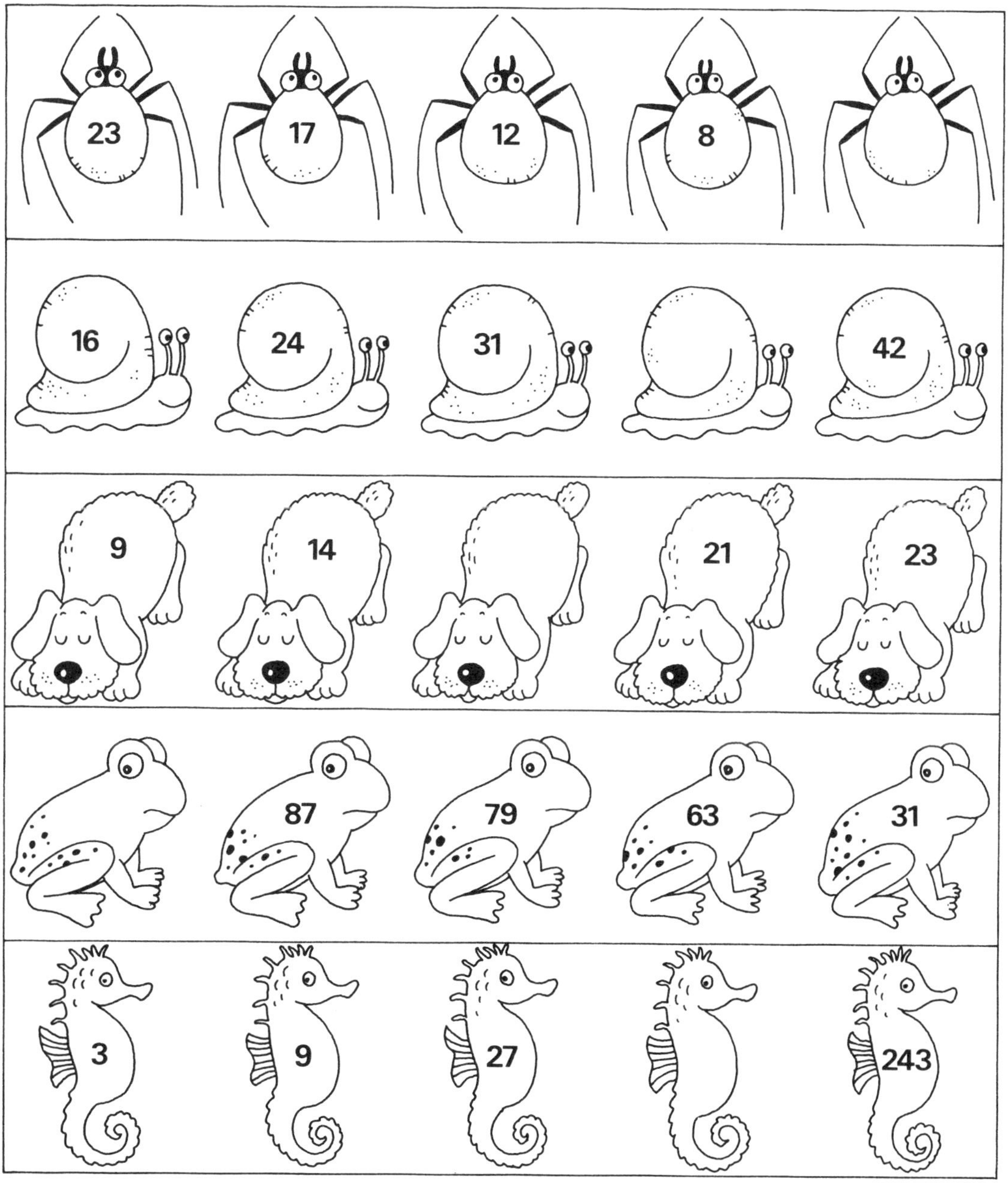

23	17	12	8	
16	24	31		42
9	14		21	23
	87	79	63	31
3	9	27		243

Objectif: exercice de logique.

Les chapeaux

Calcule la valeur des différents chapeaux.

 $+ \frac{3}{4} = \frac{10}{12}$	 $- \frac{3}{2} = \frac{1}{2}$
 $\times \frac{2}{3} = \frac{16}{18}$	 $+ \frac{1}{5} = \frac{5}{10}$
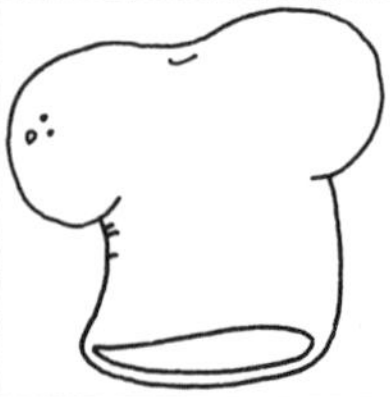 $: \frac{2}{3} = \frac{27}{4}$	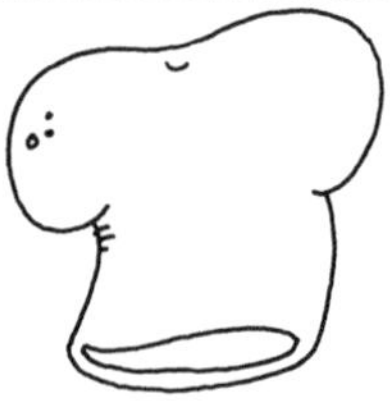 $+ \frac{1}{4} = \frac{8}{12}$
 $+ \frac{2}{3} = \frac{5}{6}$	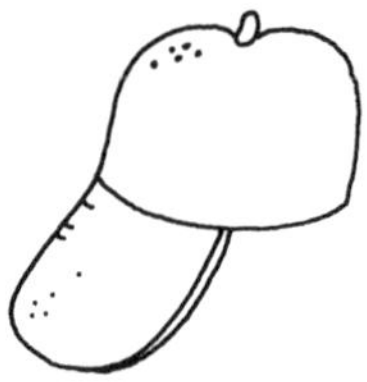 $- \frac{3}{8} = \frac{4}{16}$
 $- \frac{3}{4} = \frac{4}{8}$	 $: \frac{7}{4} = \frac{20}{49}$
 $- \frac{3}{8} = \frac{12}{24}$	 $\times \frac{1}{7} = \frac{4}{14}$

Objectif: réaliser différentes opérations avec des fractions.

Bizarre, bizarre!

Trouve un nom original pour cet étrange animal et compose un texte à son propos. Les questions suivantes peuvent t'aider.

Où vit-il?
A quoi ressemble son repaire?
De quelle(s) couleur(s) est-il?
Que mange-t-il?
Quel est son cri?
Est-il dangereux?

Je suis un ....

....

....

....

....

....

....

....

Objectif: composer un court texte, stimuler la créativité.

Connais-tu Michel?

Dans chaque pensée, mets la première lettre des animaux à la bonne place.

Objectif: reconnaître des dessins d'animaux et former des mots à partir des lettres trouvées.

Bon anniversaire

? Peux-tu résoudre ces problèmes?

Aujourd'hui, le 5 février, Frédéric a 10 ans. C'est son anniversaire. Sa sœur Joëlle, va avoir 5 ans le 5 avril.
Combien de mois de différence y a-t-il entre Frédéric et Joëlle?

....

Dans 33 ans, quel âge aura Frédéric? Et peux-tu aussi dire quel âge aura sa sœur?

....

Demain, nous fêterons l'anniversaire de ma sœur et après-demain celui de mon père. Avant-hier nous étions vendredi. Quels jours fêterons-nous les anniversaires de ma sœur et de mon père?

....

Papa est six fois plus âgé que mon petit frère de 7 ans, et ma sœur est trois fois plus jeune que mon père. Quel âge ont-ils?

....

La semaine prochaine, Didier va avoir 10 ans. A partir de ce moment-là, il va recevoir des timbres pour sa collection chaque fois qu'il fera la vaisselle. La première fois, il recevra un timbre. Mais chaque fois qu'il fera la vaisselle, il recevra deux fois plus de timbres que la fois précédente.
Combien de timbres Didier aura-t-il reçus après avoir fait 10 fois la vaisselle?

....

....

Objectif: apprendre à résoudre des problèmes.

Des animaux étranges!

Place ces animaux dans les bons ensembles en écrivant les nombres dans les diagrammes de Venn.

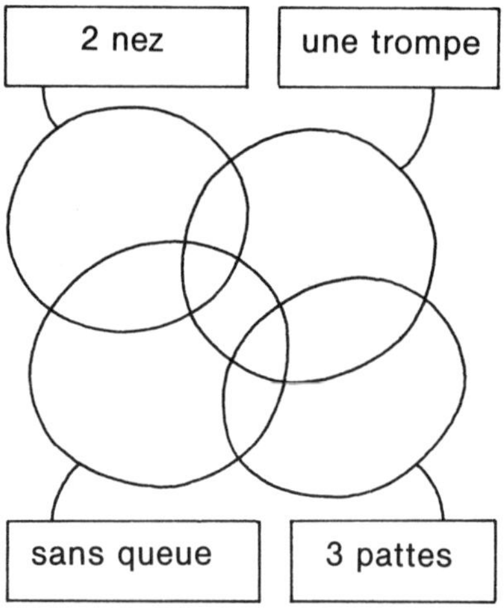

6 3 5

2 nez

une trompe

2 7

sans queue

3 pattes

8 1 4

Objectif: placer des éléments dans les diagrammes de Venn.

Les ballons-mots

Relie chaque ballon à son vendeur. L'exemple t'aidera.

Objectif: reconnaître des noms communs, des pronoms personnels et des formes verbales.

Le magicien

Ecris sous chaque couvre-chef le nom exact.
Choisis parmi ces mots.

chapeau - mitre - képi
casque - haut-de-forme - sombrero - toque
bicorne - melon - casquette - bombe - suroît

Objectif: nommer différents types de couvre-chefs.

Une peinture abstraite

Calcule les aires des formes qui composent cette peinture abstraite.

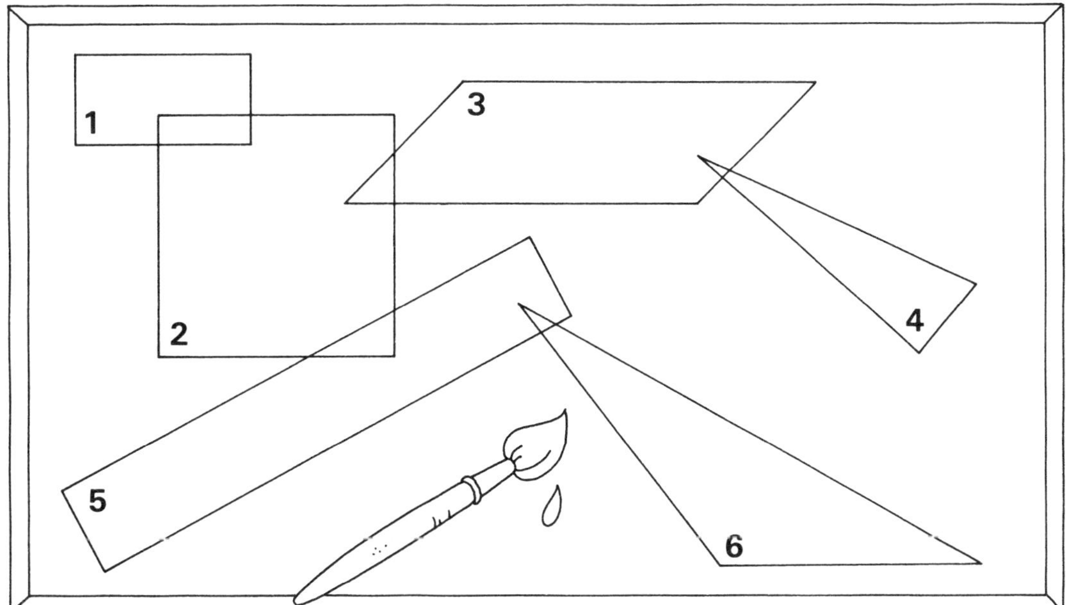

La forme 1 est un: ....

Pour calculer l'aire, j'utilise cette formule: ....Aire = ...

La forme 2 est un: ....

Pour calculer l'aire, j'utilise cette formule: .... Aire = ...

La forme 3 est un: ....

Pour calculer l'aire, j'utilise cette formule: .... Aire = ...

La forme 4 est un: ....

Pour calculer l'aire, j'utilise cette formule: .... Aire = ...

La forme 5 est un: ....

Pour calculer l'aire, j'utilise cette formule: .... Aire = ...

La forme 6 est un: ....

Pour calculer l'aire, j'utilise cette formule: .... Aire = ...

Objectif: calculer l'aire de différentes figures.

La course

Calcule la distance que ces coureurs ont parcourue. Mais attention! 1 cm sur le dessin représente 300 m en réalité.

Distance parcourue: à l'échelle: .... cm

en réalité: .... × .... = ... m

= .... km

Distance parcourue: à l'échelle: .... cm

en réalité: .... × .... = ... m

= .... km

Distance parcourue: à l'échelle: .... cm

en réalité: .... × .... = ... m

= .... km

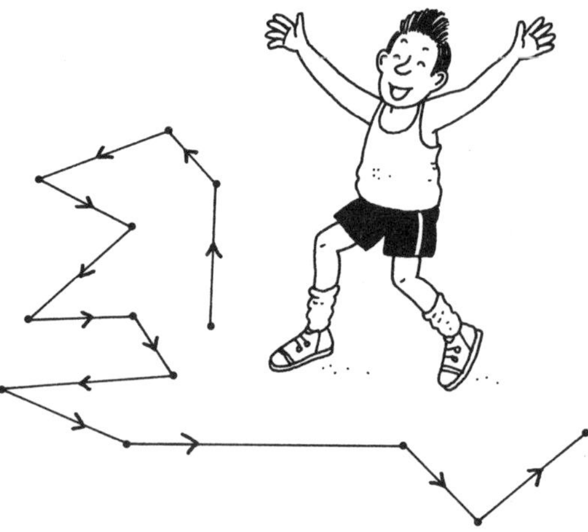

Distance parcourue: à l'échelle: .... cm

en réalité: .... × .... = ... m

= .... km

Objectif: calcul de distances à l'échelle.

L'agenda

Chaque jour, pendant une semaine, note un souvenir plus ou moins important dans cet agenda. Tu pourras les relire plus tard.

LUNDI ../../19..

MARDI ../../19..

MERCREDI ../../19..

JEUDI ../../19..

VENDREDI ../../19..

SAMEDI ../../19..

DIMANCHE ../../19..

Objectif: pouvoir écrire succinctement un incident, un souvenir.

Au musée de la navigation

Le conservateur donnerait volontiers le nom de chaque bateau. Pourrais-tu lui donner un coup de main?

Choisis parmi ces mots:

navire-citerne	allège	sous-marin	cargo
canoë	ferry-boat	remorqueur	yacht

Objectif: nommer différents types de bateaux.

Les ensembles

Trace toutes les flèches de A vers B et pointe les couples sur le tableau.

Trace toutes les flèches de C vers D et pointe les couples sur le tableau.

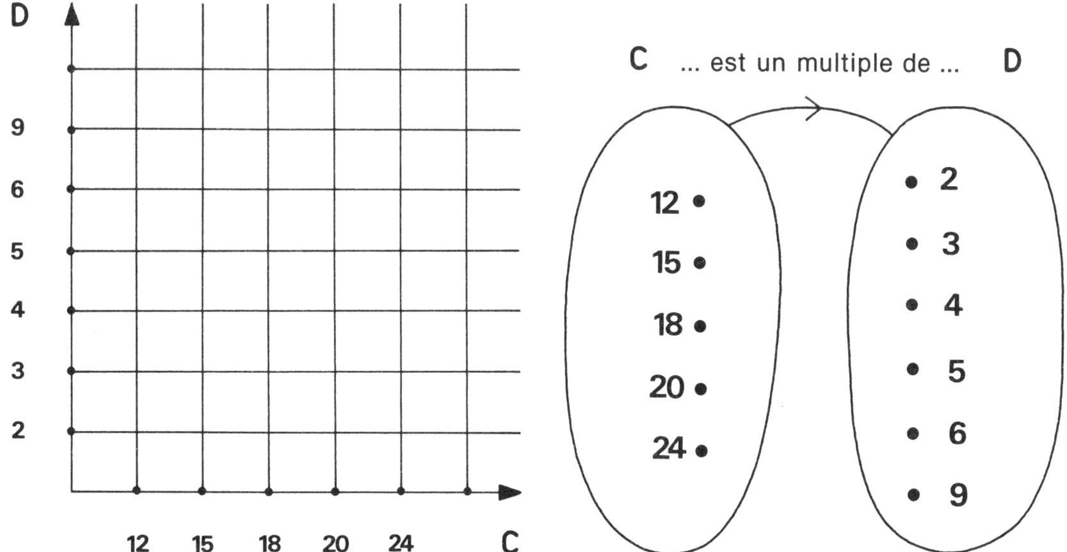

Objectif: bien comprendre la notion de relation.

Les taches d'encre

Quels chiffres sont cachés par ces taches d'encre?

13	:	...	=	130
...	:	0,25	=	32
12	:	...	=	24
...	:	0,5	=	44
32	:	...	=	160
19	x	...	=	9,5
...	x	0,25	=	8
45	x	...	=	9
120	x	0,2	=	...
84	x	...	=	21

...	x	0,2	=	15
76	x	...	=	38
216	x	0,25	=	...
800	x	...	=	80
520	x	0,2	=	...
320	:	...	=	640
150	:	0,2	=	...
...	:	0,01	=	320
45	:	...	=	450
136	:	0,25	=	...

1200	:	...	=	12000
68	:	0,25	=	...
36	:	...	=	360
84	:	...	=	420
92	:	0,5	=	...
432	x	0,25	=	...
...	x	0,2	=	24
112	x	...	=	11,2
88	x	0,10	=	...
...	x	0,01	=	8

49	x	...	=	9,8
...	x	0,1	=	69
128	x	0,25	=	...
...	x	0,5	=	76
420	x	...	=	105
96	:	0,25	=	...
...	:	0,2	=	100
46	:	...	=	230
...	:	0,1	=	45
39	:	0,2	=	...

Objectif: multiplier et diviser avec des nombres inférieurs à 1.

La bonne citation

Relie la (les) bonne(s) citation(s) au dessin.

On n'apprend pas à un vieux singe à faire des grimaces. •

Payer en monnaie de singe. •

Malin comme un singe. •

Faire le singe. •

• Etre là, en chair et en os.

• Etre bien en chair.

• Avoir la chair de poule.

• Faire de la chair à pâté.

Mener quelqu'un par le bout du nez •

Avoir un verre dans le nez. •

Fermer la porte au nez de quelqu'un. •

A vue de nez. •

• Faire son trou.

• Avoir un trou dans sa comptabilité.

• Avoir un trou de mémoire.

• Trou de souffleur.

Objectif: connaître la signification de quatre locutions.

Les champions

Complète les marches comme l'exemple te le montre.

rapide	la rapidité	rapidement
....	la gentillesse	....
exact	....	....
joli	....	....
....	....	fortement
....	le génie	....
....	....	sûrement
....	....	durement
....	....	prudemment

Objectif: savoir écrire un mot, l'adjectif et l'adverbe qui en découlent.

Chaud ou froid?

Note la température la plus haute et la plus basse, ainsi que la température moyenne pour cette série de mesures.

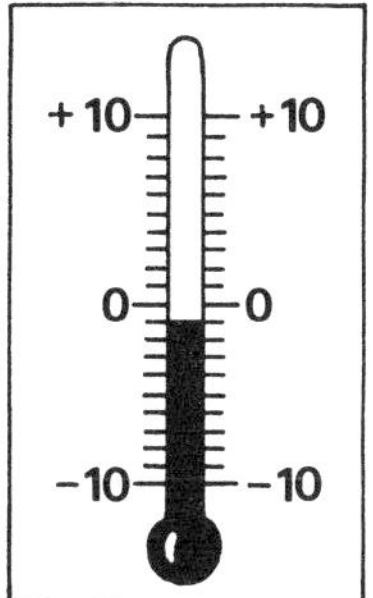

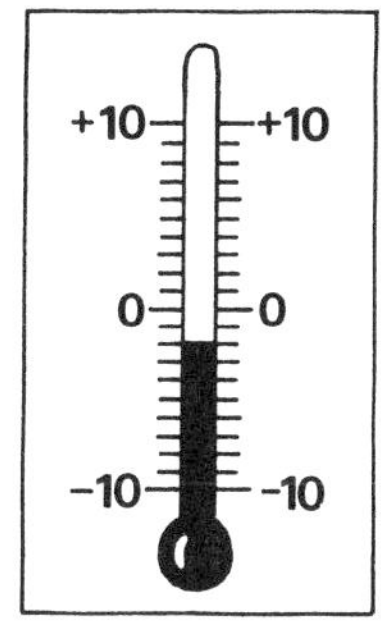

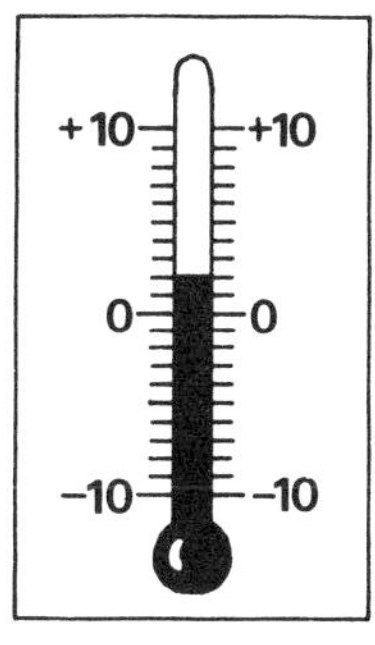

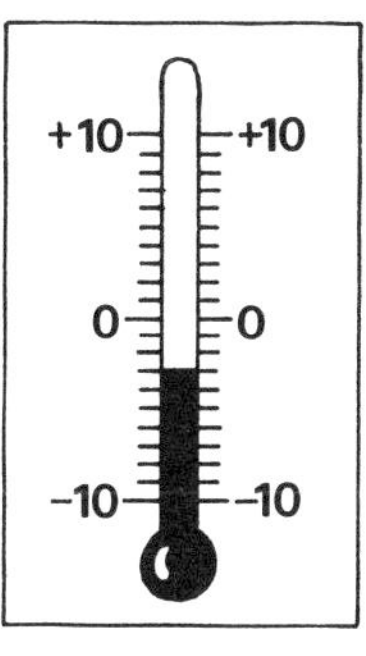

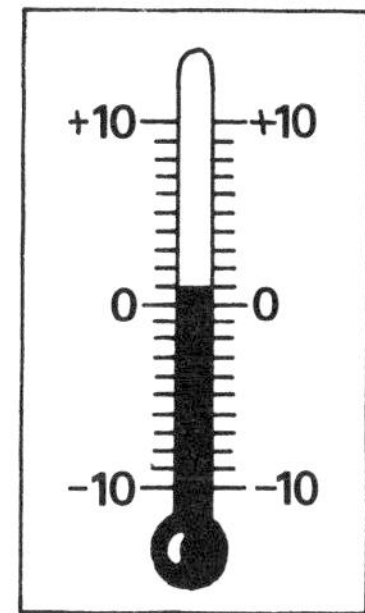

Température la plus haute: .... Température la plus basse: ....

Température moyenne: ....

Note la température la plus haute et la plus basse, ainsi que la température moyenne pour chaque série de mesures.

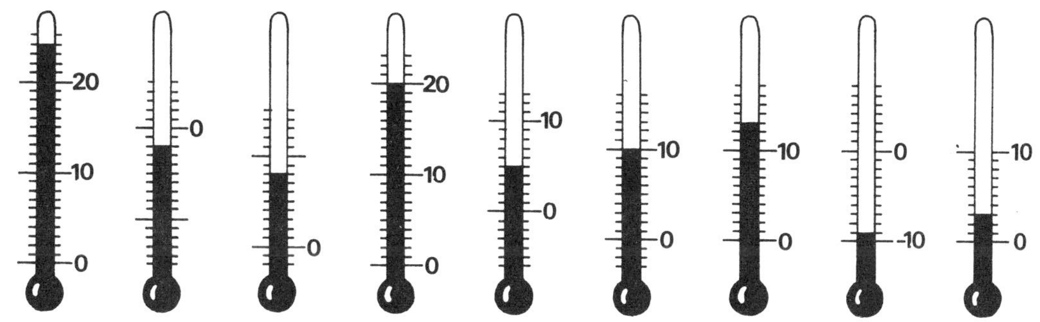

1. Mesures 1-3-5-7-9: temp. la plus haute: .... temp. la plus basse: ....

   temp. moyenne: ....

2. Mesures 2-4-6-8: temp. la plus haute: .... temp. la plus basse: ....

   temp. moyenne: ....

3. Mesures 1-2-4-6-8: temp. la plus haute: .... temp. la plus basse: ....

   temp. moyenne: ....

4. Mesures 2-3-6-7-9: temp. la plus haute: .... temp. la plus basse: ....

   temp. moyenne: ....

Objectif: apprendre à calculer une moyenne.

Les tours

? Peux-tu résoudre ces problèmes?

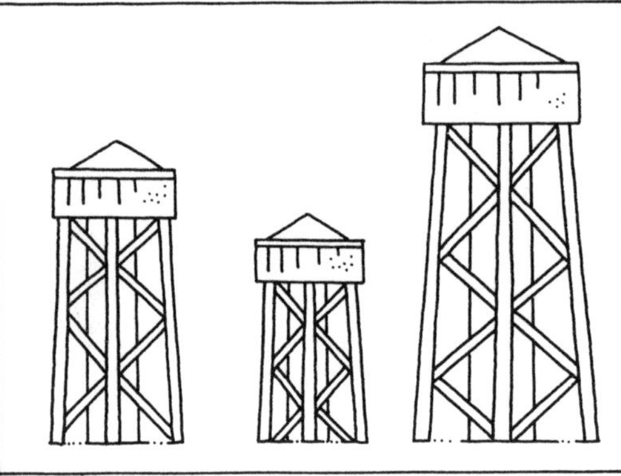

La hauteur de la tour B est égale aux 2/3 de la hauteur de la tour C.
La hauteur de la tour A est égale à 80 % de la hauteur de la tour C.
La hauteur de la tour A est égale à 1/4 du double de 120 m.
Quelle est la hauteur de ces 3 tours?

Tour A = ...

Tour B = ...

Tour C = ...

La tour D et la tour E ont toutes deux la même forme et la même hauteur. Si 24 ouvriers travaillent 90 jours à la construction de la tour D, combien de temps 18 ouvriers travailleront-ils à la construction de la tour E?

....

....

....

....

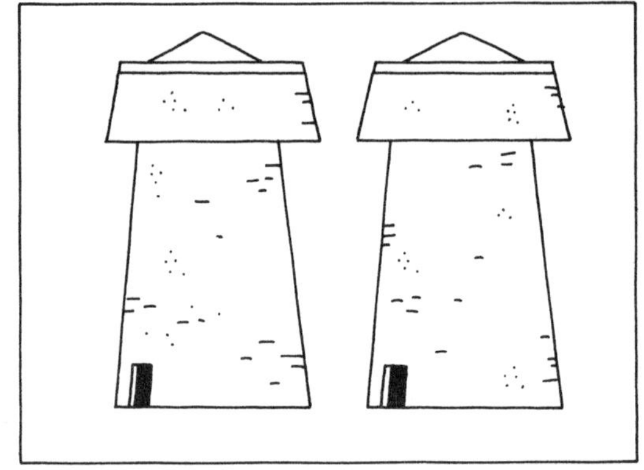

Tous les dimanches, nous allons rendre visite à bon-papa et bonne-maman. Ils habitent au 25ᵉ étage. Avant d'entrer nous jouons souvent avec l'ascenseur. Hier, nous sommes partis du rez-de-chaussée jusqu'à l'étage de nos grands-parents, nous sommes redescendus de 8 étages, remontés de 2 et descendus de 5 étages. Une dame est alors entrée dans l'ascenseur et est descendue de 14 étages.
Combien d'étages avons-nous dû remonter pour arriver chez nos grands-parents?

Objectif: résoudre des problèmes.

La symphonie des animaux

Ecris sous chaque dessin le cri des animaux.
Choisis parmi les mots du cadre.

Objectif: associer les animaux et leur cri.

Le château fort

Ecris les verbes dont le radical change au futur simple dans la colonne de gauche et ceux dont le radical ne change pas à droite.

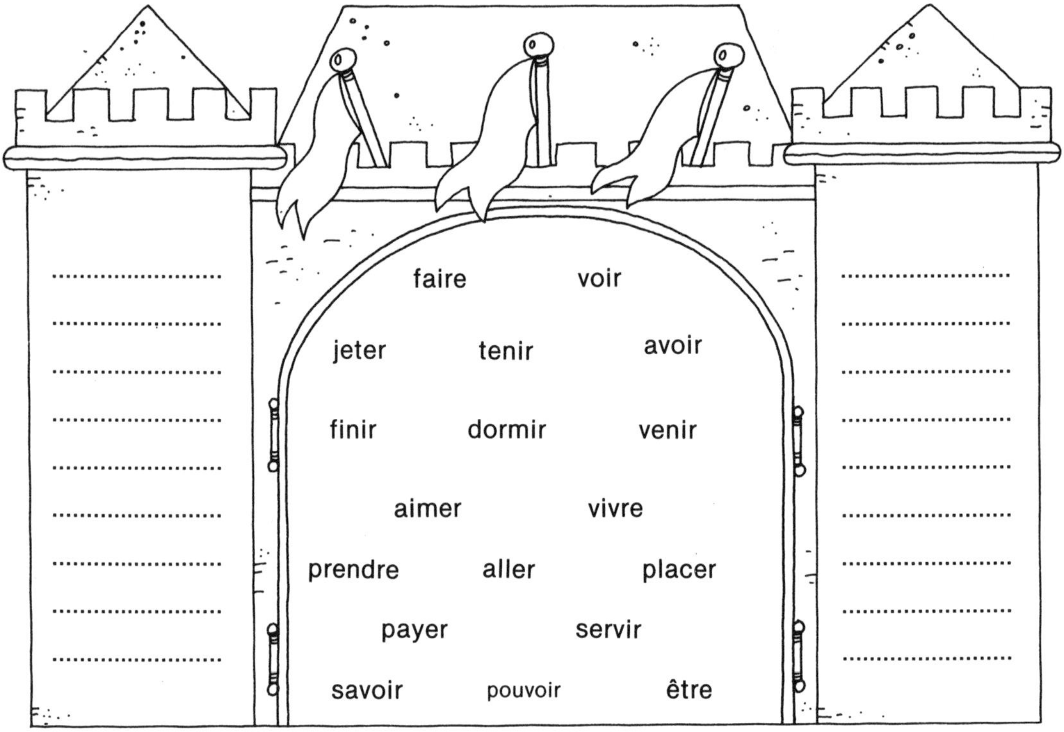

....	faire voir	....
....	jeter tenir avoir	....
....	finir dormir venir	....
....	aimer vivre	....
....	prendre aller placer	....
....	payer servir	....
....	savoir pouvoir être	....
....		....
....		....

Conjugue les verbes au futur simple.

Demain nous ....(lire) un document sur les châteaux forts.

J' ....(aller) chercher de nombreux livres à la bibliothèque.

On me ....(donner) certainement de nombreuses illustrations.

Le roi ....(venir) rendre visite à tous les chevaliers.

Un troubadour me ....(raconter) des aventures palpitantes.

Tu .... (manger) et tu ....(boire) à volonté.

Ils le .... (mener) au château.

Vous ....(parler) encore de cette aventure dans dix ans.

Objectif: conjuguer des verbes au futur simple.

Dépêche-toi!

Effectue ces exercices.

1 jour = ... heures
1/2 jour = ... heures
1/4 jour = ... heures
2/3 jour = ... heures
1 1/2 jour = ... heures
2 1/4 jour = ... heures
4 1/2 jour = ... heures

1 heure = ... min
1/2 heure = ... min
1/4 heure = ... min
2/3 heure = ... min
3 1/3 heure = ... min
2 2/4 heure = ... min
2 3/10 heure = ... min

1 min = ... sec
1/3 min = ... sec
1/6 min = ... sec
4/10 min = ... sec
1 2/3 min = ... sec
5 1/6 min = ... sec
8 1/12 min = ... sec

Résous ces calculs pour savoir quelle heure ces montres indiquent.

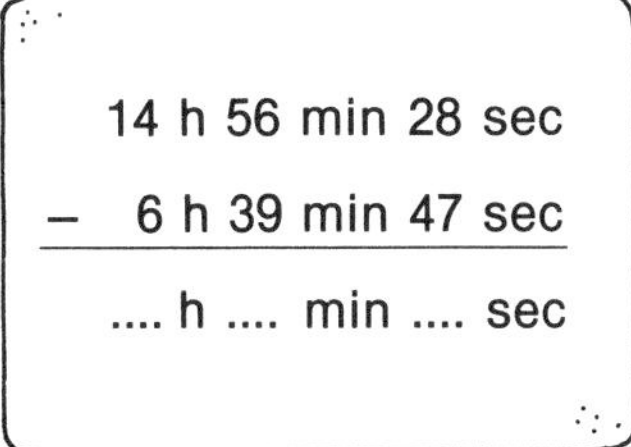

14 h 56 min 28 sec
– 6 h 39 min 47 sec
.... h .... min .... sec

6 h 34 min 17 sec
+ 5 h 49 min 59 sec
.... h .... min .... sec

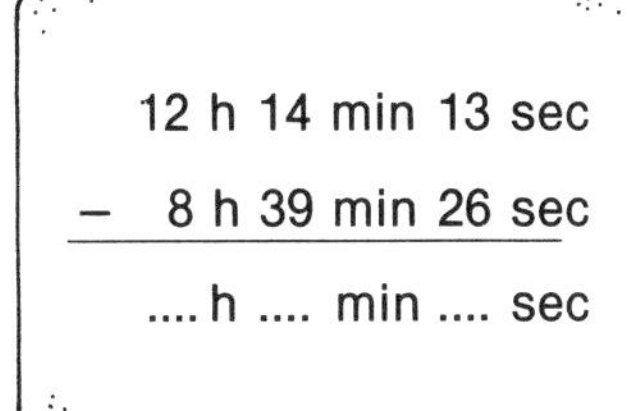

12 h 14 min 13 sec
– 8 h 39 min 26 sec
.... h .... min .... sec

Objectif: effectuer des opérations avec les heures, les minutes et les secondes.

Les ensembles

Définis les ensembles en compréhension et ensuite, effectue les exercices.

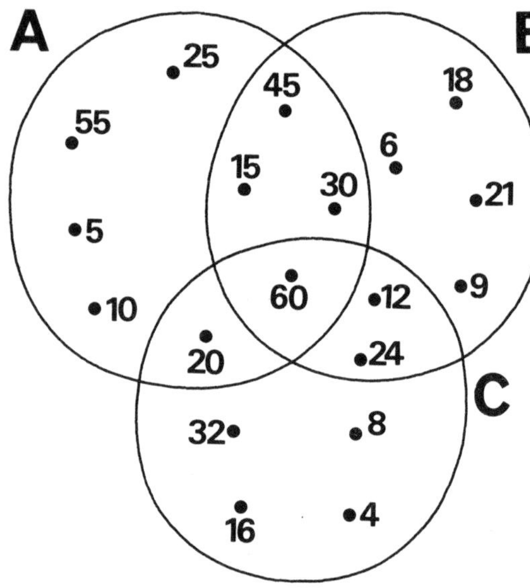

A = {les multiples de ....}
B = {..}
C = {..}

A ∪ B = { ....}
B ∩ C = { ....}
A ∩ B = { ....}
C \ B = { ....}

A ∩ B ∩ C = { ....}
B ∩ A = { ....}

Place les éléments des ensembles dans les diagrammes. Ensuite, colorie les plages de la bonne couleur.

A = {les nombres $<$ 10 et $>$ 5}
= {.......,.......,.......,.......}
B = {les nombres premiers $<$ 12}
= {.......,.......,.......,.......,.......,}
C = {les nombres pairs $<$ 14}
= {.......,.......,.......,.......,.......,.......,}

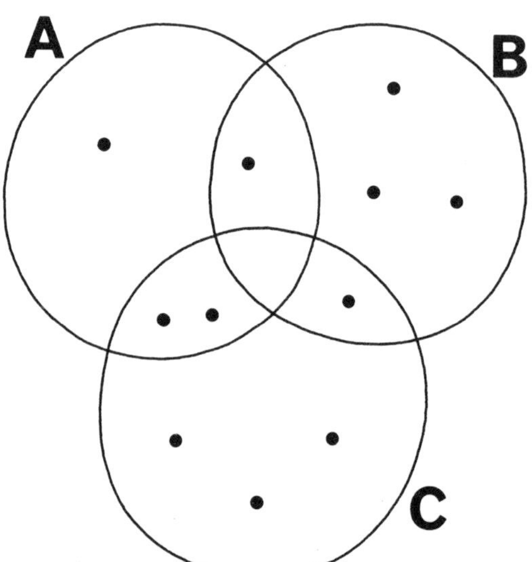

Vert = (A U B) ∩ C = {..................................}
Jaune: (A U B) \ C = {..................................}
Rouge: C \ (A U B) : {..................................}

Objectif: bien comprendre les notions se rapportant aux ensembles.

Le trésor du pirate

Complète ce parchemin en écrivant correctement les participes passés des verbes.

A celui qui trouvera ce parchemin...

J'ai ....(écrire) cette lettre en 1235.
J'ai ....(naviguer) sur toutes les mers et j'ai ....(affronter) de nombreuses tempêtes.
J'étais ....(craindre) de tous mes marins.
Dans un de mes combats, j'ai ....(perdre) ma main gauche. A la place, le médecin du bord a ....(fixer) un crochet d'or. C'est pourquoi on m'a ....(appeler) le capitaine Crochet. Je suis vieux et je sens la mort venir. C'est pourquoi j'ai ....(enterrer) mes trésors sur cette île. Ce sont deux coffres ....(remplir) d'or et de diamants.
Sur ce parchemin, j'ai ....(dessiner) un plan pour pouvoir les retrouver.
D'abord j'ai .... (traîner) les deux coffres jusqu'au rocher en forme de crâne. Au sud du rocher, il y a trois palmiers, près d'un petit lac. A l'ombre du palmier gauche, j'ai .... (creuser) un trou profond et j'y ai ....(enterrer) mes trésors.

Objectif: écrire correctement les participes passés.

Flash d'information

Complète les titres à l'aide d'un sujet ou d'une forme verbale.

Deux gangsters .... par la police.

Je .... souvent pendant mes loisirs.

Un dangereux taureau .... d'un élevage.

.... AU MILIEU D'UN CARREFOUR.

.........., plaque tournante de l'Europe.

Une voiture .... un camion à l'arrêt.

.... brûle le feu rouge.

.... sont en grève.

Les journaux .... sont plus chers depuis ce matin.

.... exige des dépenses importantes cette année.

Objectif: compléter les phrases à l'aide d'un sujet ou d'une forme verbale.

Trois ou quatre côtés!

Réponds aux questions suivantes par vrai ou faux.

Tous les parallélogrammes sont des rectangles. ....

Un rectangle peut parfois être un carré. ....

Un losange est aussi un trapèze. ....

Tous les rectangles sont des parallélogrammes. ....

Tous les triangles équilatéraux sont isocèles. ....

Tous les losanges sont des carrés. ....

Un triangle isocèle a 3 côtés égaux. ....

Un triangle rectangle a 1 angle droit. ....

Un carré est toujours un losange. ....

Un parallélogramme est parfois un trapèze. ....

Dessine les figures suivantes.

Un triangle scalène avec un angle obtus.	Un trapèze avec deux côtés égaux

Objectif: connaître les propriétés de différentes formes géométriques.

Les fruits

Peux-tu trouver la valeur de chaque fruit?

+ = 89 — = 5

+ = 94 — = 4

+ = 58 — = 2

+ = 76 — = 10

= ...... = ...

= ...... = ...

= ...... = ...

= ...... = ...

Objectif: additionner et soustraire.

Les contes célèbres

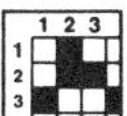

Chaque dessin rappelle un conte très connu.
Ecris sous chacun d'eux le titre de ce conte.

. . . .

. . . .

. . . .

. . . .

Objectif: associer un dessin à un conte connu.

Bon appétit!

Construis un mot à partir des syllabes de chaque gâteau. Ensuite, écris le mot dans le gâteau.

se – ment – ver – a – tis ....

re – re – li – ti ....

nais – con – sa – mé – ble ....

re – tion – dic – nai ....

per – quet – ro ....

co – ve – ti – lo – mo ....

teil – bou – le ....

na – car – val ....

lon – ta – pan ....

li – ré – té – a ....

é – men – re – tai – lé ....

po – me – ta – hip – po ....

si – pa – er – tis ....

té – pho – lé – ne ....

en – abs – ce ....

net – te – lu ....

se – di – man – gour ....

Objectif: construire un mot à partir de syllabes mélangées et l'écrire correctement.

Diviser!

Dessine une croix dans la case, si le nombre de la première colonne peut être divisé par un autre nombre. Place ensuite ces nombres dans les diagrammes.

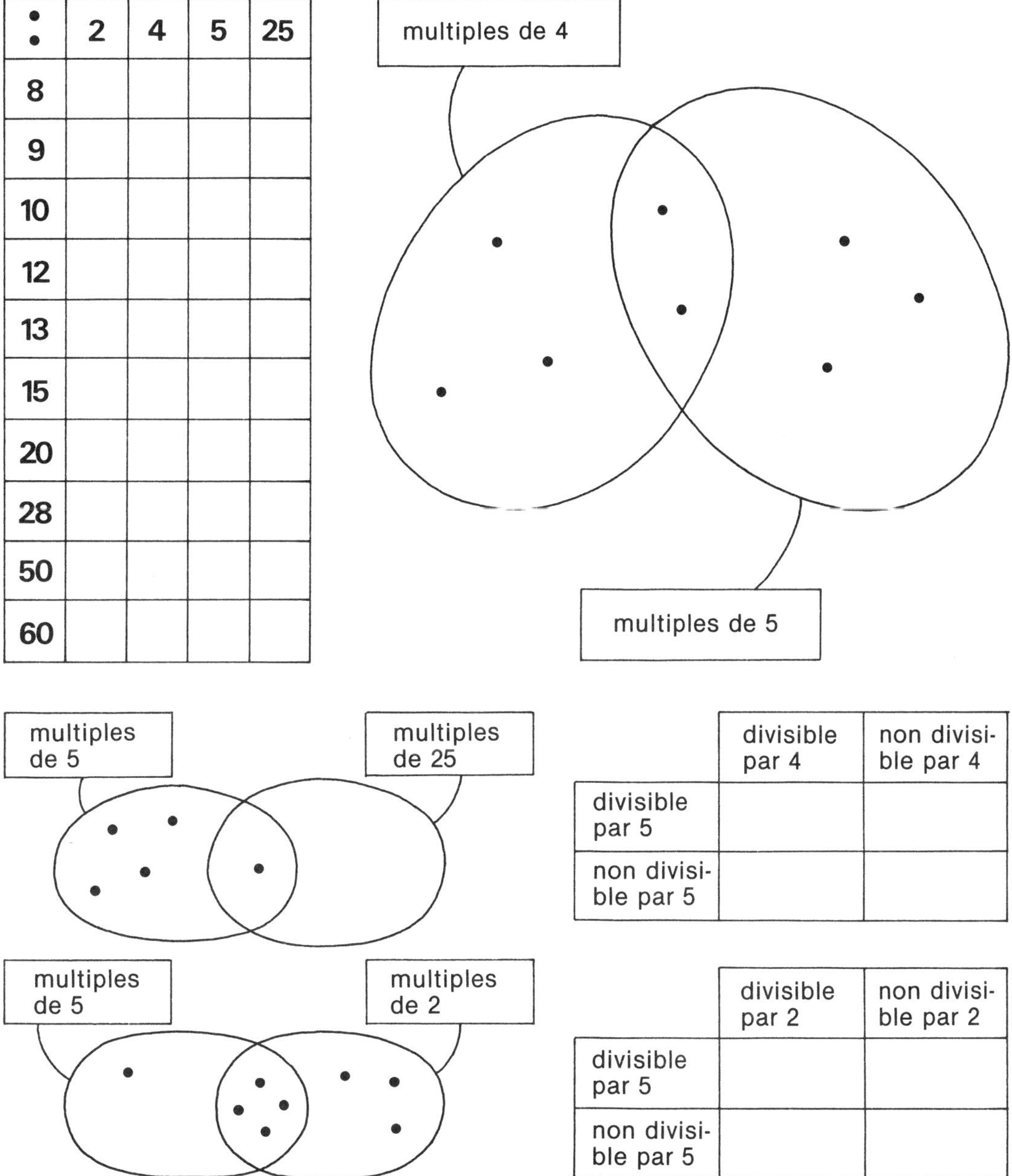

:	2	4	5	25
8				
9				
10				
12				
13				
15				
20				
28				
50				
60				

	divisible par 4	non divisible par 4
divisible par 5		
non divisible par 5		

	divisible par 2	non divisible par 2
divisible par 5		
non divisible par 5		

Objectif: connaître les multiples et les diviseurs des nombres.

Le bonhomme magique

La somme de chaque ligne, colonne ou diagonale doit être égale à 15 pour le premier et à 12 pour le second carré. Tu ne peux utiliser les nombres qu'une fois.

Objectif: apprendre à réfléchir de façon logique.

Place à la musique!

Ecris le nom des instruments derrière le nombre correspondant. Choisis parmi les mots du cadre.

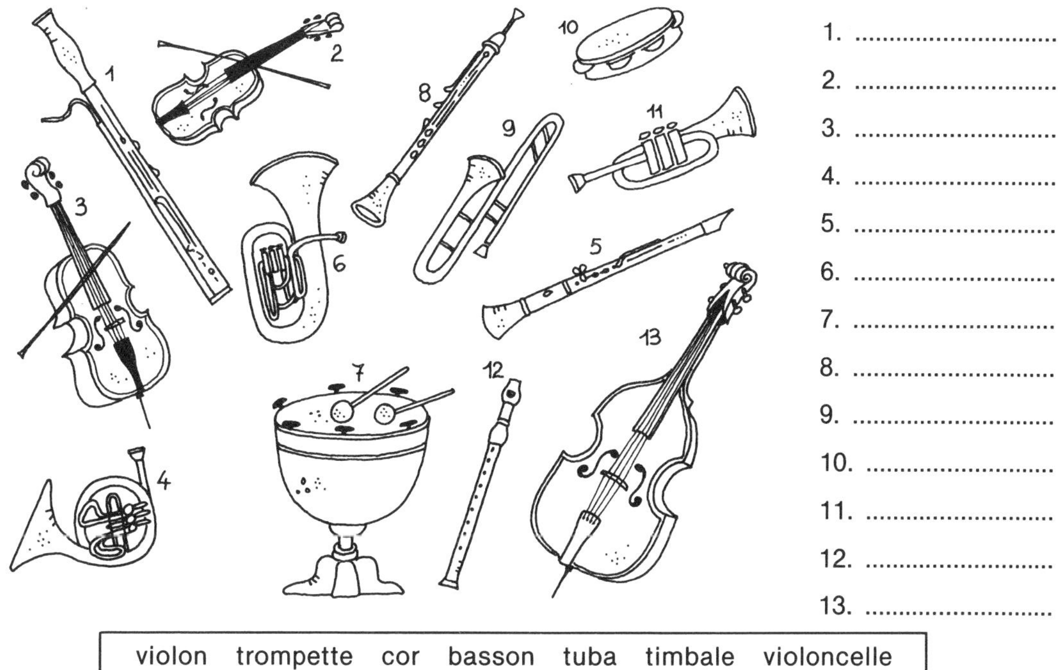

1. ....
2. ....
3. ....
4. ....
5. ....
6. ....
7. ....
8. ....
9. ....
10. ....
11. ....
12. ....
13. ....

violon	trompette	cor	basson	tuba	timbale	violoncelle
tambourin	trombone	hautbois	clarinette	flûte	contrebasse	

Barre l'intrus dans chaque note de musique.

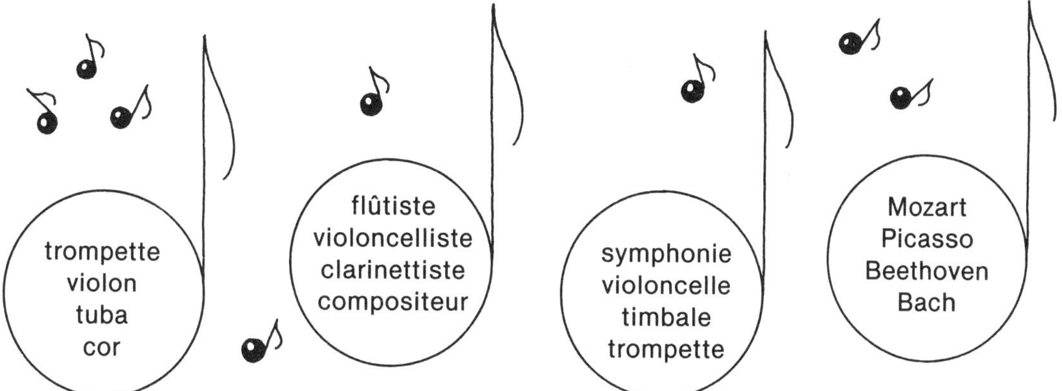

Objectif: reconnaître et nommer des instruments de musique; reconnaître l'intrus parmi des séries de mots.

Jeux de mots

Ecris sur les pointillés les mots que tu lis dans les deux miroirs. Pour les lire, tu peux t'aider d'un miroir.

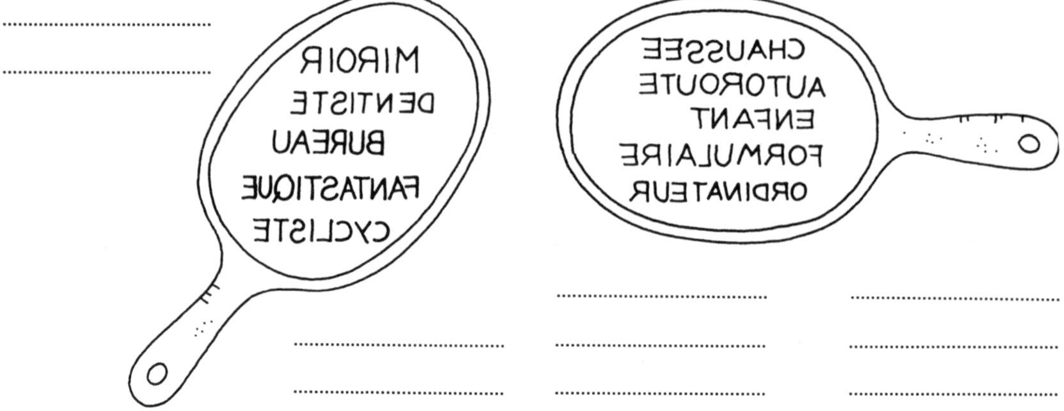

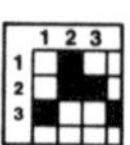

Lis les mots de bas en haut et écris-les correctement sur les pointillés.

U	E	S	L	N	E	L	E	R	T
A	R	I	I	O	M	I	I	U	E
E	E	V	A	S	A	U	U	E	U
C	I	E	T	S	T	E	L	T	Q
N	F	N	N	I	O	T	P	A	O
O	L	R	A	O	P	U	A	R	R
I	O	U	V	P	O	A	R	I	R
L	G	O	U		P	F	A	P	E
	T	T	O		P		P	S	P
	N		P		I			A	
	O		E		H				
	M								

Objectif: reconnaître des mots et les écrire sans faute.

A la mer

Ecris les bonnes réponses sur les lignes pointillées.

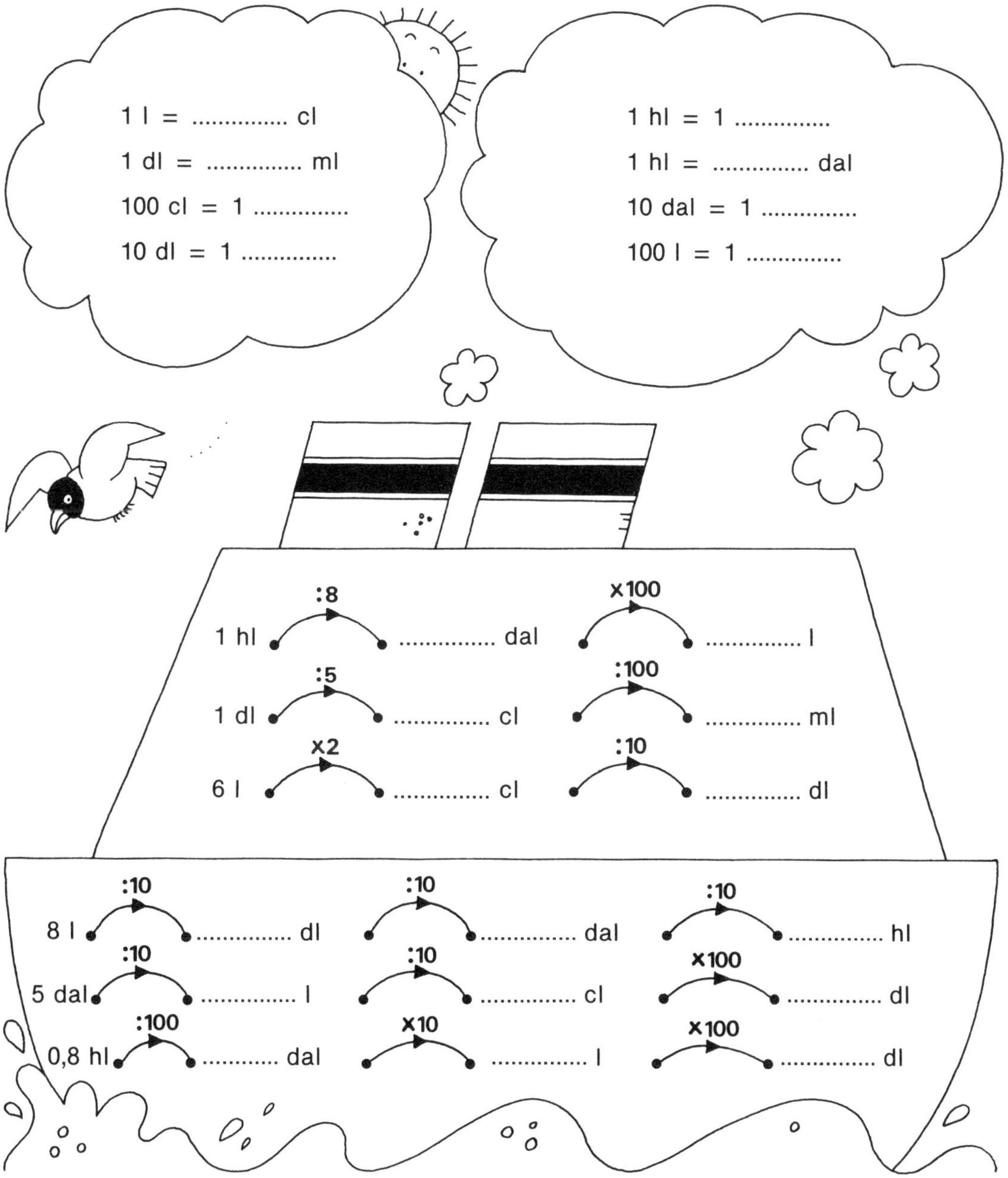

Objectif: révision des mesures de capacité.

Les étoiles

Peux-tu calculer la valeur de chaque étoile?

3749,6 | 4300

1371,3 | 2100

1758,25 | 3250

914,64 | 4120

Objectif: diviser des nombres décimaux.

A vos marques!

Reconnais-tu les dessins ci-dessous! Ecris en face du numéro correspondant le sport auquel ils te font penser.

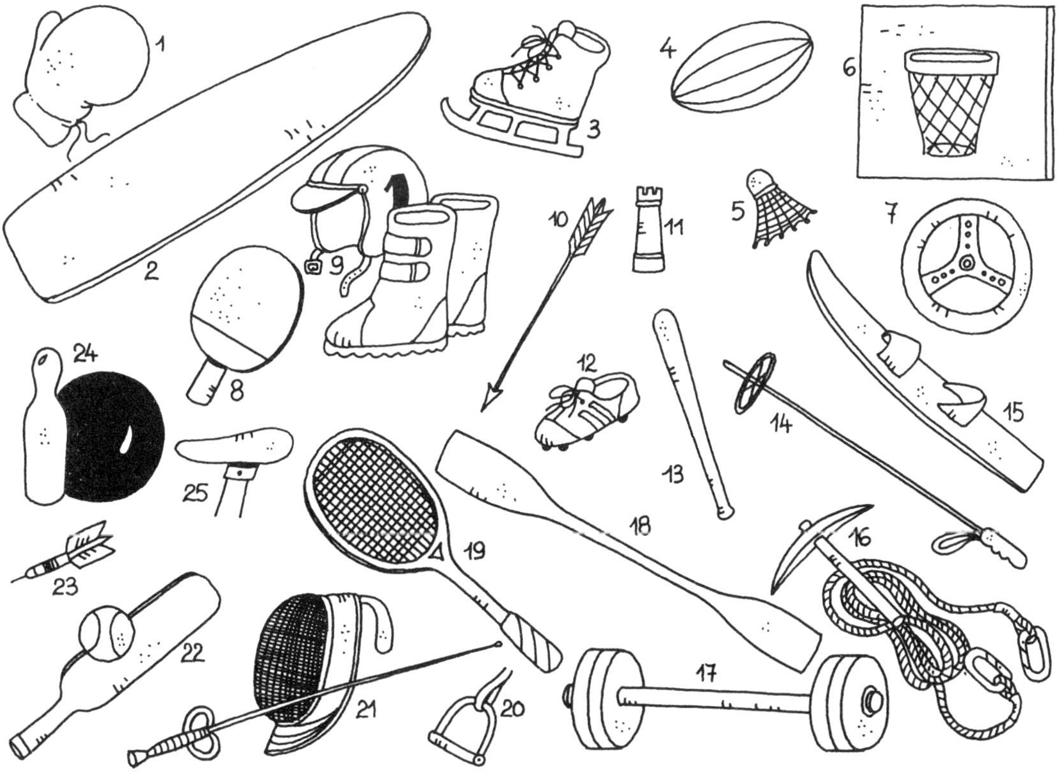

1. ....
2. ....
3. ....
4. ....
5. ....
6. ....
7. ....
8. ....
9. ....
10. ....
11. ....
12. ....
13. ....
14. ....
15. ....
16. ....
17. ....
18. ....
19. ....
20. ....
21. ....
22. ....
23. ....
24. ....
25. ....

Objectif: reconnaître différents sports.

L'arbre généalogique

Regarde attentivement l'arbre généalogique.
Réponds ensuite aux questions en soulignant vrai ou faux.

Luc est le mari de Hélène.	vrai	faux
Louise était la femme d'Alphonse.	vrai	faux
Jean est le fils unique d'Alphonse	vrai	faux
Ghislaine est une fille de Marie.	vrai	faux
Marcel et Marie sont frère et sœur.	vrai	faux
Hélène est la mère de Thomas.	vrai	faux
Jean est l'oncle de Romuald.	vrai	faux
Thomas est le petit-fils de Marcel.	vrai	faux
Thomas avait quatre ans quand son frère est né.	vrai	faux
Julie est l'aînée des trois enfants.	vrai	faux
Les deux grands-pères de Thomas sont déjà décédés.	vrai	faux
La tante de Romuald est la fille de Marcel.	vrai	faux

Objectif: savoir lire un arbre généalogique.

Le football

? Peux-tu résoudre les problèmes suivants?

La saison passée, le nombre moyen de spectateurs de chaque match était 8500. Cette saison, ce nombre a augmenté de 12 %
Quel est le nombre moyen de spectateurs qui assiste à chaque match cette saison?

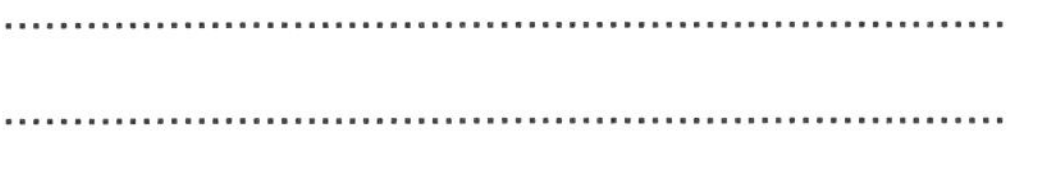

Le meilleur buteur de l'équipe a marqué 25 buts la saison passée. Cette saison-ci, il a marqué 4 % de buts en plus.
Combien de buts a-t-il marqués?

....

Et s'il avait marqué 24 % de buts en plus, combien de fois aurait-il envoyé le ballon dans le goal?

....

L'arbitre a sorti 3 fois une carte rouge pour un joueur de l'équipe, et 5 fois une carte jaune. Cela fait 20 % de moins que l'année passée. Combien de cartes l'arbitre a-t-il montrées l'année passée?

....

Si l'arbitre avait sorti 25 % de cartes en plus, combien en aurait-il montrées?

....

Objectif: résoudre des problèmes comprenant des calculs de pourcentages.

Les drapeaux

Calcule la partie hachurée de chaque drapeau.

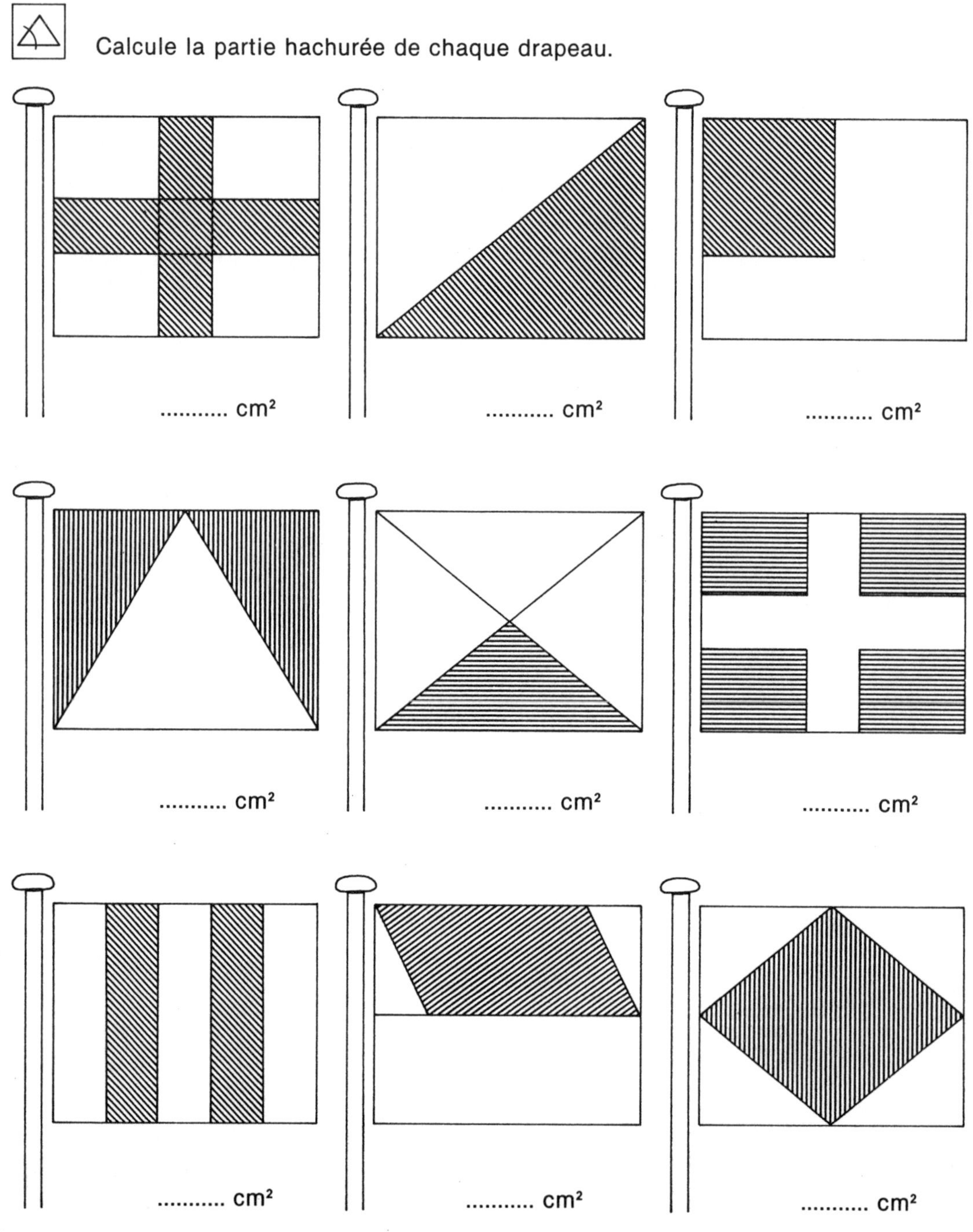

Objectif: calcul d'aires de différentes formes géométriques.

La famille Jugnot

Lis attentivement le texte. Ecris le nom de chaque membre de la famille et colorie. Souligne alors le groupe sujet de chaque phrase.

Monsieur et madame Jugnot et leurs trois enfants Julien, Véronique et Catherine forment une famille modèle.

Monsieur Jugnot est un peu plus petit que sa femme et il est complètement chauve. Il porte un chandail rouge et un pantalon bleu ainsi qu'une paire de bottes toutes deux différentes. Au pied gauche il a une botte jaune et au pied droit il a une botte orange. Monsieur Jugnot est un rien plus grand que sa fille Véronique.

Madame Jugnot a une perruque mauve. Elle porte une robe blanche à gros pois rouges.

Véronique est plus grande que sa sœur Catherine. Elle porte un pantalon bleu et un pull vert. Son chapeau est jaune. Sa sœur porte une jupe à rayures horizontales rouges et vertes. Les deux filles ont les cheveux noirs.

Julien, le seul fils, a un pantalon rouge, un pull jaune et des bottes noires. Ses cheveux sont roux. Il est plus petit que Véronique mais un peu plus grand que Catherine.

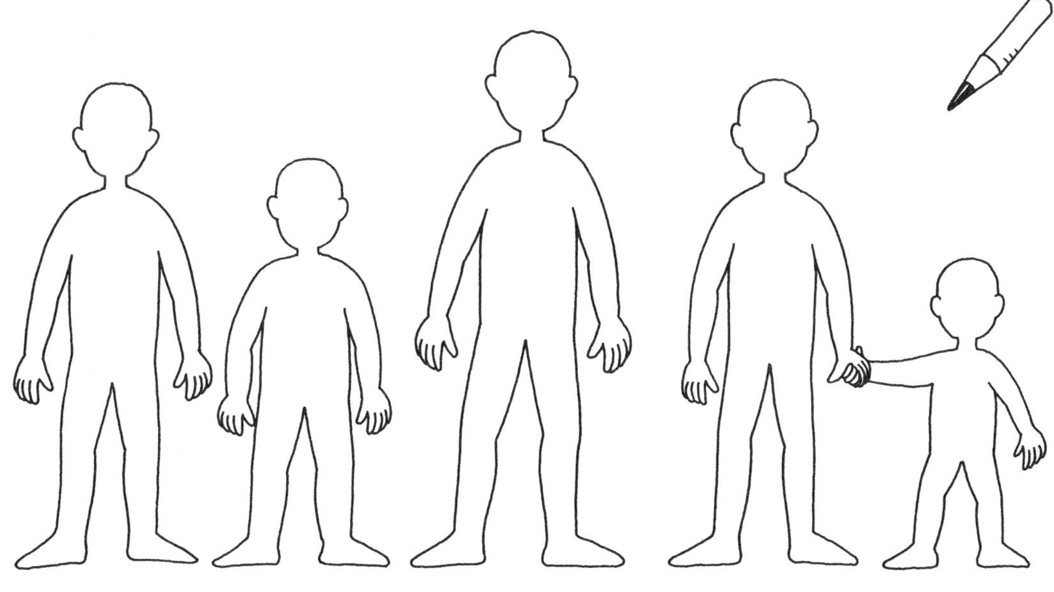

. . . .

Objectif: lire attentivement un texte; retrouver un groupe sujet dans une phrase.

Les codes secrets

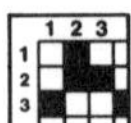

Quel code a été choisi pour ces deux messages?
Choisis parmi les trois codes et traduis les messages.

Voici la lettre de Maud.

CS MS IRENXSMUA
OGARBTESMJ XDSM O
IS ESAAOPS !

....

....

....

....

Voici la réponse de Martin.

AD JT BS USIRUSA,
JT IRENXSMUXOA

....

....

....

....

CODE 1

R = B	L = P	C = T
X = E	J = S	B = R
P = M	I = I	A = D
O = A	G = C	S = O
N = V	E = J	U = N
M = X	D = L	T = G

CODE 2

R = J	L = P	C = N
X = O	J = M	B = X
P = C	I = A	A = R
O = T	G = G	S = L
N = S	E = U	U = B
M = D	D = I	T = E

CODE 3

R = O	L = X	C = J
X = R	J = T	B = L
P = G	I = C	A = S
O = A	G = B	S = E
N = P	E = M	U = D
M = N	D = I	T = U

Objectif: exercice de logique à partir des lettres de l'alphabet.

Les camions

Ecris les poids des camions en tonnes et fais les exercices.

5500 kg = ... t.	2,5 t. = ... kg
5,5 t. = ... kg	2800 kg = ... t.
1/8 t. = ... kg	8,6 t. = ... kg
200 kg = ... t.	500 kg = ... t.
1/100 t. = ... kg	25/100 t. = ... kg
25 kg = ... t.	50 t. = ... kg
2/4 t. = ... kg	10/5 t. = ... kg

3100 kg = ... t.	2/5 t. = ... kg
3,2 t. = ... kg	17 t. = ... kg
1/4 t. = ... kg	4/10 t. = ... kg
0,6 t. = ... kg	920 kg = ... t.
0,1 t. = ... kg	65 t. = ... kg
450 kg = ... t.	6000 kg = ... t.
9/10 t. = ... kg	0,55 t. = ... kg

Objectif: révision des mesures de poids.

Quelle heure est-il?

Peux-tu trouver la valeur de ces instruments de mesure de temps, si tu sais que le réveil vaut 5.

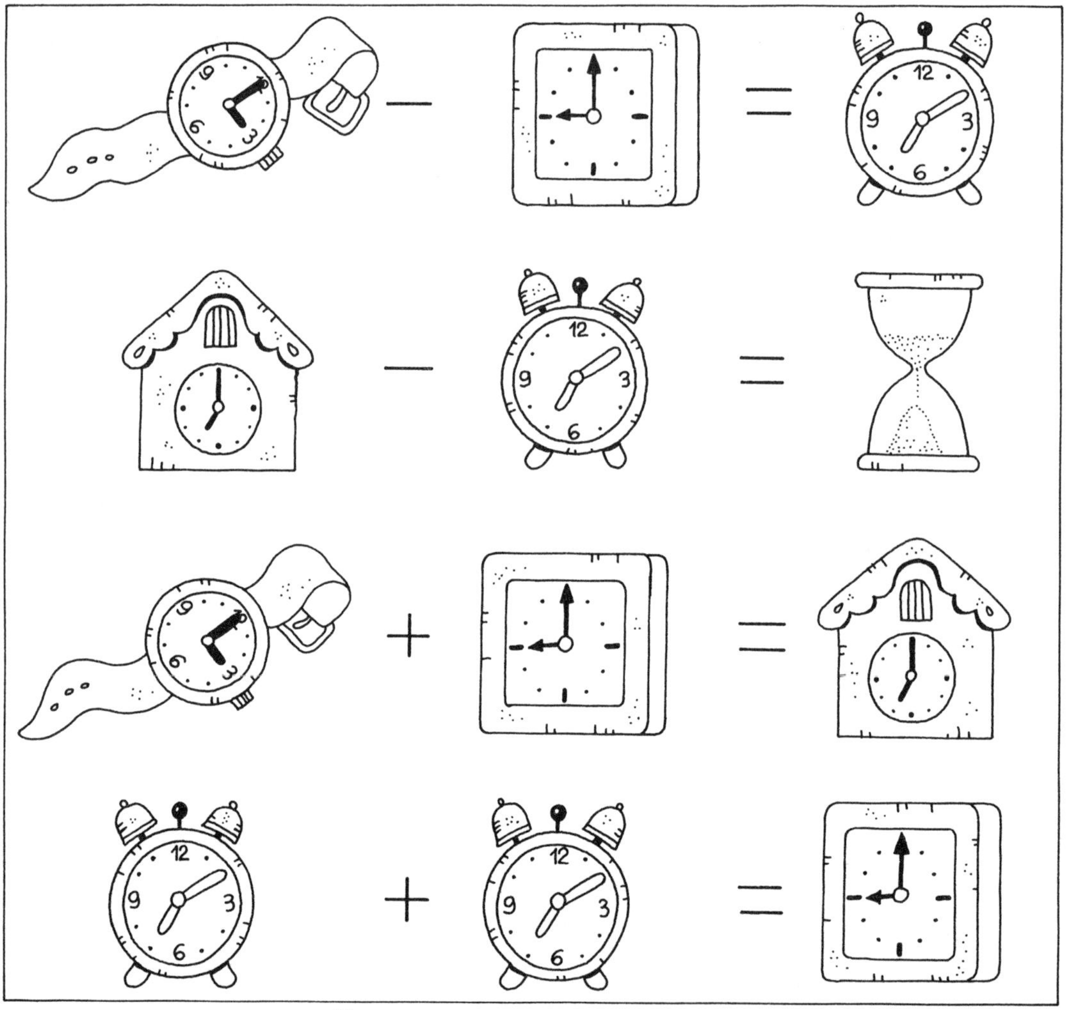

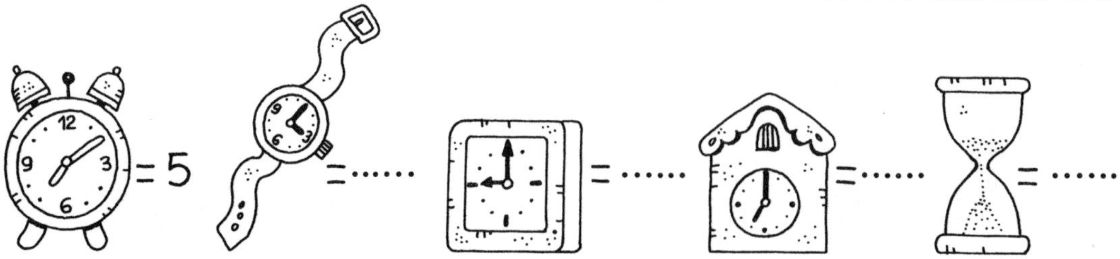

= 5 =...... =...... =...... =......

Objectif: exercice de logique

La réplique

Ecris la question ou la réponse susceptible d'être dite par le personnage dans le philactère. N'aie pas peur de faire travailler ton imagination.

A vingt mètres de l'arrivée il y avait une peau de banane. Je ne l'avais pas vue ...

Je pensais me trouver sur le circuit du Mans ...

Eh bien ... quelle chance tu as eue !

Objectif: compléter un dialogue selon son imagination.

L'apprenti sorcier

Ecris la formule d'une potion magique secrète. Rien n'est trop fou!

Exemples:
- une potion magique pour faire voler les éléphants
- une potion pour devenir très mince.

N'oublie pas:

A quoi sert la potion magique?
Quels ingrédients vas-tu utiliser pour préparer ta potion?
Comment préparer la potion?
Quand doit-elle être bue?
Y a-t-il des contre-indications?
Qui ne peut certainement pas boire la potion?

....

....

....

....

....

....

....

....

....

....

....

....

....

....

Objectif: faire une rédaction en faisant preuve de créativité.